U0141581

你對宇宙了解多少？

——探索從太陽系到銀河的宇宙奧秘

福江純、粟野諭美◎編著

晨星出版

WOW！知的狂潮

廿一世紀，網路知識充斥，知識來源十分開放，只要花十秒鐘鍵入關鍵字，就能搜尋到上百條相關網頁或知識。但是，唾手可得的網路知識可靠嗎？我們能信任它嗎？

因為無法全然信任網路知識，我們興起探索「真知識」的想法，亟欲出版「專家學者」的研究知識，有別於「眾口鑠金」的口傳知識；出版具「科學根據」的知識，有別於「傳抄轉載」的網路知識。

因此，「知的！」系列誕生了。

「知的！」系列裡，有專家學者的畢生研究、有讓人驚嘆連連的科學知識、有貼近生活的妙用知識、有嘖嘖稱奇的不可思議。我們以最深入、生動的文筆，搭配圖片，讓科學變得很有趣，很容易親近，讓讀者讀完每一則知識，都會深深發出WOW！的讚嘆聲。

究竟「知的！」系列有什麼知識寶庫值得一一收藏呢？

【WOW！最精準】：專家學者多年研究的知識，夠精準吧！儘管暢快閱讀，不必擔心讀錯或記錯了。

【WOW！最省時】：上百條的網路知識，看到眼花還找不到一條可用的知識。在「知的！」系列裡，做了最有系統的歸納整理，只要閱讀相關主題，就能找到可信可用的知識。

【WOW！最完整】：囊括自然類（包含植物、動物、環保、生態）；科學類（宇宙、生物、雜學、天文）；數理類（數學、化學、物理）；藝術人文（繪畫、文學）等類別，只要是生活遇得到的相關知識，「知的！」系列都找得到。

【WOW！最驚嘆】：世界多奇妙，「知的！」系列給你最

驚奇和驚嘆的知識。只要閱讀「知的！」系列，就能「識天知日，發現新知識、新觀念」，還能讓你享受驚呼WOW！的閱讀新樂趣。

　　知識並非死板僵化的冷硬文字，它應該是活潑有趣的，只要開始讀「知的！」系列，就會知道，原來科學知識也能這麼好玩！

發現宇宙新祕密──最新天文學入門

　　天文學在古代文明中佔有極重要的地位，最初以眼睛觀察日、月、星辰變化的現象，制定曆法做為農耕的依據，直到光學天文望遠鏡誕生後，透過望遠鏡眼睛看到了更多星體的訊息，進而了解日、月、星辰變化的原因，並知道地球、月亮、太陽和我們的關係，此後因無線電（電波）望遠鏡的發明，天文學由光學演進到全電磁波觀測的現代天文學。由於新科技知識和觀測工具的發展，人類得以運用看不見的電波探測宇宙，重新詮釋宇宙的面貌，天文學儼然成為最摩登的學科。

　　宇宙裡有些什麼？本書「第一部」以宇宙年曆起始，把宇宙大爆炸至今有137億年的時間，濃縮成一年十二個月的時程，述說宇宙物質的分布。就人類而言，是在宇宙年曆最後一天倒數的0.2秒誕生才在地球上，因此人類在這麼短暫的時程，要了解整個宇宙的狀況的確艱難！但「第一部」以問答的方式與讀者互動，25個主題涵蓋太陽系、恆星的生命演進、宇宙的結構等，圖文對照解釋，讓讀者能一覽宇宙的新面貌，是學習最新天文學的入門之道。

　　繁星燦爛的星空中，每個星體、星團、星雲和星系，除了發出可以讓我們眼睛看到的可見光外，同時也發出不同波段的電磁波，這就需要用特殊的觀測儀器才能觀測，如次微米波、伽瑪射線望遠鏡等。由恆星所發射出的電磁波（光譜），我們可以知道恆星生命是如何演化；探測宇宙3度K微波背景輻射，可以推導出宇宙的結構和年齡。隨著尖端科技的進步，人類發射人造衛星、太空望遠鏡和太空航具等，進入太空深處探測，陸續觀測到許多新的現象，如系外行星、伽瑪射線暴、X射線天體、黑洞、吸積

盤、暗物質與暗能量等，分析研究這些大量的觀測資料，發現宇宙新祕密就指日可待了。

　　天文學研究的標的物，距離非常遙遠、尺度極大、演化時間極長、極端物理條件多，如高溫、高密度和強磁場等，都無法在實驗室重現或摸擬，只能依據最初觀測的數據資料，進行分析探究其原因，推導出一套理論用以解釋所觀測到的天文現象，然後再以新的觀測結果，印證或修正原先的理論成為新理論。天文學家經常以「觀測」→「理論」→「觀測」的方法進行研究，本書「第二部」宇宙最前線，就是以最前線的觀測資料為基礎，分成八個部份，分由各不同領域的學者，將第一手研究成果呈現給讀者參考，從太陽系的成因、行星的形成、黑洞新模型、宇宙的進化等，都有詳盡的論述，所以本書是想知道新天文學的內容和如何研究天文學的最佳桌本。

臺北市天文館館長　邱國光

宇宙最新科學解密

　　現代的科學發展日新月異，近年來的天文學發展也不容小覷，有著突飛猛進的成長。日以繼夜地，各項天文學的新數據不斷增加，關於宇宙的各種情形也持續地在被理解當中。

　　例如說，隨著探索太陽系的技術日益進步，人類在邊境之地發現了一個比冥王星還要大的小型天體，也不過是近幾年的事情而已。包含在2006年夏季的國際會議中新訂定的行星定義，以及人類對太陽系的認識不斷更新，我想對各位讀者來說也是不陌生的事情吧！至於像「太陽系到底是如何誕生的？」這個問題，也是在近幾年開始實施精確的電腦模擬實驗之後，才得以確實用理論來解釋我們所知道的這個太陽系形成的緣由。

　　另一方面，轉眼太陽系之外，自1995年發現的第一顆太陽系外行星以來，人類在太陽系以外的宇宙發現的行星總數也已超過了200顆。雖然這些大多數都只是巨大的氣體行星，但是我們也漸漸可以找到比地球質量大上數倍的太陽系外行星，甚至也有找到大氣中含有水氣的行星。相信在不久以後的將來，我們找到擁有生命誕生元素，也就是擁有水和空氣的類地球型行星的機率也非常高吧！

　　更進一步來說，在遙遠的宇宙中，常常有起因於黑洞而引發的強烈活動現象，像這些高能量的天體活動狀況也是近年來研究進展頗受矚目的一環。像是在1960年代被發現的伽瑪射線暴（Gamma Ray Burst），其實在當時人們只把它當作是謎樣的天體、對它並不了解，但是自1990年代人們開始利用最新銳的偵測儀器以來，直到快要進入20世紀的時候我們才了解伽瑪射線暴其實是個毫無理論基礎的天體。

另外，關於把黑洞團團包圍住的放射高溫電漿流圓盤的研究，即便是已經經過了30年以上研究的現在，仍然處在一個可以不斷發現新現象、提出新的假設，這種可能隨時進行典範轉移的狀態中。另一方面，關於「黑洞＝從吸積盤周圍噴出的次光速氣流」這一點，近年來由於開始使用多維放射流體模擬器與多維磁流模擬器這些電腦模擬器，甚至是可以畫出就像是在近在眼前的清晰圖像。亦或像是由天體、氣體、或是塵埃聚集而成的巨大集合體，也就是星系，用極大望遠鏡的觀測也持續進步著；同時，也持續往最遙遠的星系，也就是屬於宇宙中最古老的星系部分探查。這是因為星系本身生成的緣由，和最遠且最古老的星系有著密不可分的緣故。

接著，我們人類居住的宇宙本身，也是近年來研究觀測的重點。進入21世紀之後，我們可以藉由整理以往的研究成果得知這樣的事實：到目前為止，宇宙已經有137億歲了，而且是個平坦的空間構造，她不斷的加速、也持續的膨脹著。

　　本書中，我們請到第一線的研究者來幫我們介紹，截至目前為止關於宇宙的各項最新研究成果。話雖如此，但若一下子就沒頭沒尾的開始敘述目前最新的研究話題，也是會讓人感到摸不著頭緒。因此，本書的前半部將聚焦於現今我們所知的最新宇宙樣貌，由編者匯集成25個項目並進行解說，後半部則將提出最新的8項研究以展開論述。當然，並非沒有讀過前半部就無法了解後半部的內容，所以各位讀者可以選擇自己喜歡的部分開始閱讀。

　　此外，為了讓本書能成為一本有一致性的書籍，編者將自行統一各篇不同撰稿者所使用的基本用詞和文體，以及處理其他的整合性問題。另一方面，為了讓各位也能感受到在研究現場資訊變化的活躍氣氛，有一些用詞我們不會刻意做改變。例如比冥王星或海王星還要遠的天體的名稱，也完全保留撰稿者原本的說詞，原封不動的保留著；另外在文體方面，有時候我們也會留下撰稿者當時的語氣。

　　如果各位閱讀過本書，便可以大致了解在這十年之中，最新的宇宙研究成果。我們在最新的研究先端中，最有趣的事情莫過於當你發現了一個新的消息之後，可以更進一步地理解一個自然現象，但是即使如此，一旦發現了新的資訊，也就代表著其伴隨而來更多的謎題等待我們去解開。譬如我們發現了太陽系外的行星，那是否也代表著那裡也可能有智慧的生命體存在？當觀測伽瑪射線暴現象在不斷進步的同時，所謂的「火流星」又是什麼？我們都知道宇宙正以加速度膨脹當中，但是我們卻還不了解由這

個加速膨脹所引發的黑暗能量（Dark Energy）的任何資料！

　　本書可以說是集研究宇宙的最新資料於一身，但在此時，仍然廣布著許多人們未知的奧秘。

編者／福江純、粟野諭美

CONTENTS

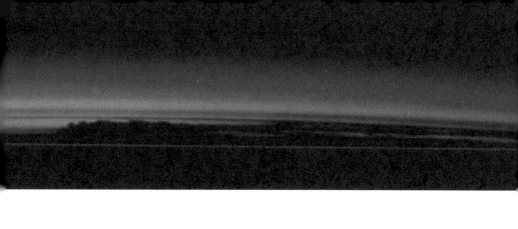

第一部
最新天文學入門

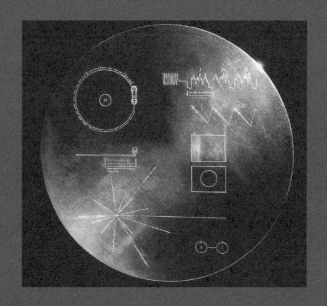

在天文界裡，每天都有新的宇宙訊息被描繪出來，例如
宇宙的歷史和宇宙膨脹的情況、以及其大規模的構造等
等，都透過許許多多研究人員的觀測和理論，將研究的
成果不斷推進。在第一部中，我們將解說現代最新的宇
宙現狀，以做為進入後半部最新研究成果的基礎知識。

01. 宇宙年曆

　　人類的壽命大約有100年。雖然我們在人類活著的這100年之中，或者歡笑、或者哭泣、或者歷經生命中生離死別的場面等等，體驗了好多好多的事情。但是若拿人類的一生和浩瀚無際的宇宙歷史來相比，人類的一生，只能稱得上是一瞬間而已。這是因為，直到目前為止，據說宇宙的年齡已經高達137億年了！而這樣的年紀，也整整高出人類1億倍以上。

　　根據最新的研究成果，科學家們認為，早在時間和空間誕生的137億年以前，有一個非常非常小、而且溫度高到不可置信的高溫火球誕生，而這個高溫火球經過急驟的膨脹之後（也就是所謂的「大霹靂」），就變成了我們現在所看到的宇宙。但是即便我們這樣認為，像這樣一段這麼長的時間，對我們來說是難想像的吧。因此，在這裡，我們要先把這137億年縮短成一年的記事表，從這宇宙的大事記中，觀察宇宙的歷史。

　　讓我們先假定在新的一年的開始，也就是一年的第一天凌晨零點的時候，發生了高溫火球的大爆炸。在這樣一個空間不斷膨脹，但溫度卻不停下降的情形之下，出現了宇宙中第一條銀河；並且在櫻花盛開的四月，我們的銀河系誕生了。不久之後，像母親一般的星球——太陽，也和大量的星星一起誕生了。然後在這個開始發光發熱的太陽周圍，經過許多的氣態物質和宇宙塵埃不斷合體之後，我們的地球就誕生了！這個時候，正好是七月暑假開始的時候。

　　時序進入秋分左右，地球上的原始生命出現了，大約在十二月中旬的時候，這些物種在經過各式各樣的演化，生物種類像爆發一樣的激增。然而在12月30日上午六點半左右，中生代的霸主——恐龍滅絕了。在12月31日的晚間八點五十分時，正是猿猴類

演化成人類（Homo sapiens）的分界點。接著是我們這些生活在「現在」這個時間點的全體人類，在這個宇宙的年曆中，竟然僅只於過年之前的短短0.2秒時誕生而已！人類的歷史跟宇宙相比，只能算是「眨眼之間」啊。

宇宙年曆

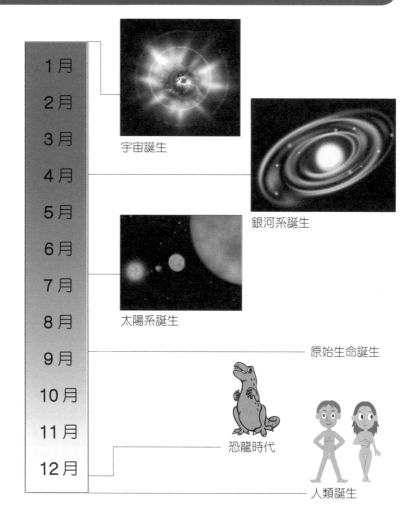

1月
2月
3月

宇宙誕生

4月

5月

銀河系誕生

6月
7月

太陽系誕生

8月

9月 ———— 原始生命誕生

10月

11月

恐龍時代

12月

人類誕生

02. 太陽系與行星誰大誰小？

　　請大家試著想像一下宇宙的大小。想像一下，在我們存在的地球周圍充滿著許許多多大小不一的物體。但是實際上要我們想像連肉眼也無法看到的物體，其實是很困難的事情。好比說，我們知道地球的直徑大約是12800 公里；若要繞地球一周，大概也要40000 公里，若沒有飛機的存在，我們恐怕難以在其中自由來回。

　　進一步來說，人類因為宇宙開發技術的不斷進步，才能成功登陸月球，甚至利用太空梭在宇宙間飛行也變成了理所當然的事情。但是，太空梭可以飛行的高度大概只能離地350 公里；這大約是從東京到名古屋的距離而已。也就是說，如果我們把地球當成一顆直徑30公分的西瓜來看，這個太空梭只不過浮在離表面8公釐的地方而已。若以這樣的尺度來看，月亮大概可以算是距離西瓜9公尺處的一顆蘋果，短短的距離卻不得不讓人感慨起人類在距今30年前才踏上月球。但是即便如此，相較於距離地球最近的恆星——太陽來說，這樣的大小根本不值一提。因為太陽就像是一個位在西瓜前方大約3.5公里處，直徑約西瓜的109倍，猶如一棟10層樓建築物（約30公尺）高的巨大物體！

　　所謂的「太陽系」就是，太陽與其周圍的行星、小天體等形形色色的天體全部加在一起；這些天體的範圍，大約有40AU（AU：天文單位，1天文單位等於太陽和地球之間的距離）這麼大。另外，在100AU的地方，有許多沒能變身成為行星的小天體；而在更遙遠的10萬AU（約1.6光年）處，有著被科學家認為是彗星起源的「歐特雲（Oort cloud）」擴散在其中。近年，有不少科學家認為這個歐特雲就是太陽系的盡頭。

　　現在，讓我們改將太陽想像成一顆30公分左右的西瓜，用

五十億分之一的尺度來檢視這個太陽系。這時地球變成了位在距離太陽30公尺遠的一棵葡萄籽，而太陽系最大的行星——木星，則像是一顆距離太陽160公尺的草莓。大小不到1公釐的冥王星位在1.2 公里遠方。在遠處擴散著的歐特雲雲團，就在3000 公里的另一邊。像這樣縮小了50億倍之後的太陽系，就像是被相當於兩個日本列島大的歐特雲團團包圍在其中。

　　那在太陽系以外的地方呢？就留給各位自行想像吧。

太陽系的尺度

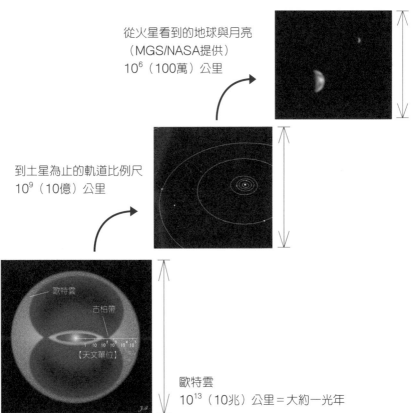

從火星看到的地球與月亮
（MGS/NASA提供）
10^6（100萬）公里

到土星為止的軌道比例尺
10^9（10億）公里

歐特雲
10^{13}（10兆）公里＝大約一光年

03. 太陽系的母親──太陽

　　夜空之中，總有許多的星星閃耀著光芒。這些被稱為「恆星」的星星，大多是以氫氣為主要成分形成的氣態球狀星體，經由核融合反應製造出龐大的能量，自體產生光亮。像母親一樣每天傳送溫暖的陽光給我們、懷抱著地球上所有生物的太陽，其實也是眾多繁星之一而已。

　　決定太陽和其他恆星不同的最大差異點，就是她與地球之間的距離。就連離地球最近的半人馬座 α 星，大約也有4光年之遠；也就是說，半人馬座 α 星在距離地球以光速經過4年後才能到的地方閃耀著。相對於太陽，太陽就在距離地球以光速來算只需要短短8分鐘的地方燃燒著。

　　太陽大約是以每11年為周期進行一次活動，在太陽的活動期間，我們可以在太陽表面上看見像是長在我們臉上的痣一樣的許多「黑子」，和一些受太陽磁場影響噴出像煙一樣的氫分子雲「日冕」頻繁活動的狀況。

　　黑子相較於周圍的明亮程度，看起來似乎是因為溫度比較低所以才會顯得黑，但是黑子的磁場很強，所以是個活動情形很活躍的地帶。在這個地方，也可以看見局部輻射突然增加時所產生的強烈閃耀爆發現象，也就是所謂的「太陽耀斑（閃焰）」。當出現一個很大的閃焰狀況時，便會吹起一陣含有大量高能量帶電粒子的太陽風；當太陽風吹到地球時，會影響地球上的電波傳遞，也會在兩極產生美麗的極光。

　　現年已經46億歲的太陽，以人類的年紀來看，大概還算剛進入壯年期而已吧。看來太陽還是很年輕力壯的呢！

太陽的面目

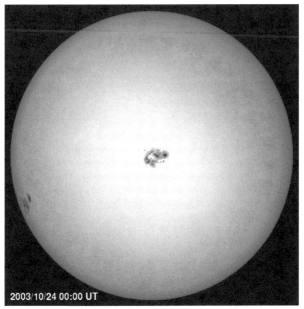

在可見光的情形下看到的太陽。（SOHO/NASA/ESA提供）

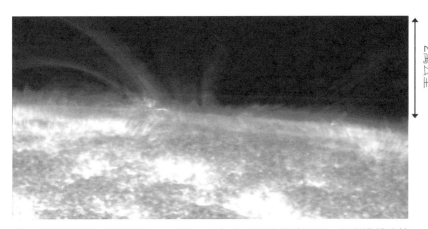

2萬公里

從太陽探測衛星「日出衛星」（Hinode）在可見光的情況下，用磁場望遠鏡
觀測到的太陽（國立天文台提供）。

04. 月球是如何形成的？

　　月亮總是以美麗的姿態顯現在夜空中，每個月我們都可以看到月亮不停地重複著圓缺的變化。月亮的變化週期，和我們這些生活在地球上大多數的生物活動息息相關；時以風流、時以神祕的姿態，帶給我們不同的視覺享受。

　　另外，月球也是環繞在地球周圍旋轉的一顆衛星，它的大小，大約有地球的四分之一大，在太陽系之中算是一個特別大的衛星。因為月亮的公轉週期和自轉週期是相同的，所以我們在地球看到的都是月球同一側的臉（正面），一直到能夠藉由探測機調查，我們才得以了解，其實月球正面和反面的地形差異相當大。到了1969年，美國發射阿波羅11號首次成功地讓人類登上月球，我們才能實際在月球表面進行調查，並且帶回月球表面的石塊和土等月球上的實體資料。

　　雖然說月球是和我們距離最相近的天體，但是對我們來說月球仍然是一個充滿神祕色彩的地方。其中最引人爭議的，不外乎是「月球的起源」這個議題。

　　關於月球的起源，從古至今一共有三種說法。第一種是月球是由一部分被地球拋出去的物質所形成的「分裂說」；第二種是月球原本是在和地球毫無關係的地方誕生的一顆星體，但是最後因為被地球引力捕獲而形成的「俘獲說」；第三種是月球是在地球旁邊獨立誕生出來的「同源說」。但是，不論是哪一項說法，若仔細與月球的成分和軌道等等事證比對，都有無法完全解釋的部分，因此都無法成為最終的結論。

　　但是到最近，有一個相當受到矚目的新假設——「大碰撞說」。「大碰撞說」是指在地球剛形成的同時，與另一個和火星差不多大小的天體（原始行星）相互碰撞，而在這些因碰撞而產

生的碎裂物質相互結合之後，就形成了月球。根據電腦模擬器的試驗，我們猜測月球應該是在一個月之內就形成了。在這個近乎需要經過一千萬年之久才完全成形、穩定下來的太陽系之中，月球可以說是在一瞬之間就誕生了！

　　為了能夠解釋月球的起源與其進化的過程，日本在2007年的時候，將日本首顆大型月球探測器「Selene（月亮女神）」發射升空。現在，月球又再度引起了人們的關注。（此部分將會在第二部「太陽系誕生的新理論」進行更詳細的解說。）

電腦模擬器所顯示的月球形成短片

（小久保英一郎／國立天文台、三浦均／武藏野美術大學提供）

大型月球探測器

（宇宙航空研究開發機構／JAXA提供）

05. 紅色行星之謎——火星

　　火星，是一顆在夜空中來回不斷轉動的紅色星球。自古以來，火星便常與戰爭、天地異象聯想在一起，還有民族把火星當作是戰神之星來崇拜，由此可見火星和人類的生活息息相關。甚至到了現代，火星也因為被認為是最有可能有生命存在的星球而受到人類廣大的矚目。

　　19世紀末期，義大利的天文學家喬凡尼‧斯基亞帕雷利在火星表面上發現到許多條的細線，並命名為「canali」（水道之意）。但是，這個詞彙卻在從法文翻譯成英文時被誤譯成「canaru」（運河），導致「火星上一定存在著有智慧的生物」這個謠言充斥在世界上。受到這個謠言影響的美國天文學家帕西瓦爾‧羅威爾，於是自己建立了一座天文台，徹底對火星進行觀測。另外，在1938年的時候，還有聽眾因為相信了美國廣播劇「宇宙戰爭」之中播出的新聞片段而陷入恐慌的傳言傳出。

　　1996年美國太空總署NASA發表聲明指出，他們從火星的隕石中發現了疑似生命痕跡的跡象。這樣引發世界各地民眾注目的發言，不單單只有研究人員關注，甚至連一般民眾也有「終於發現生物了吧！」的感受，不過也會有相對於此意見相左的反論，因此截至目前為止仍沒有結論出現。

　　但是，火星上確實有水的證據還是一件一件的被證實了。2004年美國NASA的火星無人探測機勇氣號和機遇號，在火星表面發現了只有水流活動才會形成的地形，以及受液體、水的作用而形成的岩石。由歐洲太空總署ESA發射的火星探測衛星「火星特快車」，也在南極附近發現了水的冰晶。由此我們可以猜測，說不定在遠古時候的火星也和地球一樣是個有豐富水資源的星球也說不定。

火星觀測影像

（NASA提供）

火星有水存在的證明

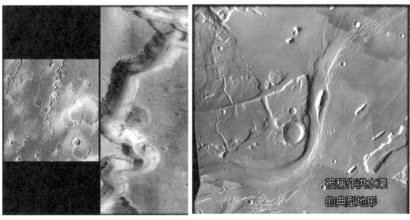

MGS拍攝到有河川痕跡的地形，右圖為左邊照片內中間上方的放大照。此為「機遇號」拍攝到有水流痕跡的岩石「船長岩」（NASA/JPL/Cornell提供）。

06. 彗星與流星群

　　彗星，是一種會拖長了尾巴突然劃過夜空的天體。對古時候的人類來說，看到彗星就代表了一個不祥的徵兆，是個令人感到害怕的現象。人類第一次看到彗星的真面目是在18世紀的時候。當時有一位英國天文學家愛德蒙·哈雷，親耳從牛頓口中聽到萬有引力法則之後，開始著手查閱過去的數據資料，根據萬有引力法則所進行的推算，愛德蒙·哈雷發現彗星（現今我們所稱的哈雷彗星）每76年就會靠近地球一次。如同哈雷所預言的，在他逝世後哈雷彗星果然再度來訪地球。由此得以證明，彗星是一定時間會從太陽系邊境探訪地球的旅人。

　　其實，「彗星」是由冰凍的氣體、冰塊和塵埃所組成的「髒雪球」。雖然彗星的直徑大約只有數公里左右，但是只要它一接近太陽，冰塊就會融化、並噴發出氣體、閃耀出光芒。彗星放射出的氣體受到太陽風的吹襲而流動，一瞬間看起來就像是巨型的尾巴一樣。大多數的彗星都擁有橢圓形的細長軌道，在經過太陽這一側時短暫的現身過後，就會馬上踏入前往太陽系盡頭的回鄉之旅。

　　當彗星離開以後，會留下許多的塵埃。如果此時地球剛好穿越其中，大量的塵埃就會飛進大氣之中，在塵埃與大氣的不斷摩擦之下便會產生光亮，形成一幅大量流星劃過天際的場面；這就是「流星雨」的形成原因。2001年11月，大量的獅子座流星群經過，降下了壯觀的流星雨，讓我們得以欣賞到令人嘆為觀止的天文秀。這是由大約每33年就會經過太陽的坦普爾·塔特爾彗星遺留下來的塵埃所帶來的美麗景色。

McNaught 彗星

雙子星天文台 / ARUA提供。

獅子座流星群

本部勳夫 / 京都市青少年科學中心提供。

07. 太陽系的小行星與TNO

　　在太陽系中，有許多比行星還要小型且長相類似岩塊的天體。我們稱這些天體為「小行星」，它們通常是外型、大小形狀不一的岩塊，並且主要大量存在於火星和木星的軌道之間。我們認為這些小行星，是在太陽系誕生的同時產生的一些大小約為10公里左右的「微行星」，在受到衝擊等等破壞之後形成的殘骸。一直到現在，我們已經發現了超過40萬個以上的小行星。

　　大部分的小行星都在火星和木星之間公轉（稱之為小行星帶），但也有在木星軌道上和木星公轉週期一致的小行星群，我們稱之為「特洛伊小行星」和「希臘群小行星」。

　　小行星和彗星是常常被混淆的兩種天體，實際上它們也確實都是存在於太陽系中的微小天體，但是它們在成分（小行星是岩石材質，彗星是由冰塊構成）和形成原因上卻是完全不同的兩種天體。

　　另外，當大口徑的天文望遠鏡不斷地進步，並且逐漸開發出可以拍攝出溫度較低、且較暗天體的紅外線照相機之後，我們也能夠觀測到太陽系最邊界處既遙遠、亮度又低的小天體。因此，我們確定了在海王星軌道外側有數量眾多的「TNO（trans-Neptunian objects；海王星外天體）」以及「EKBO（Edgeworth-Kuiper Belt Object；艾吉沃斯・古柏帶，又稱古柏帶）」。這些是和冥王星非常相似，但相較之下卻比較小的天體，由於它們被認為留有從太陽系誕生以來的原始狀態，因此在欲了解太陽系形成原因的目的之下，它們是非常重要的天體。

小行星 25143（Itokawa）的內側圖

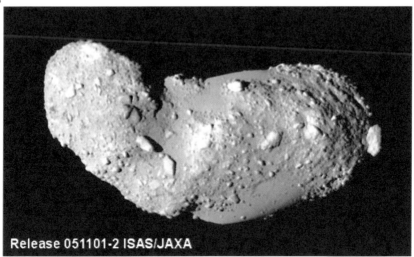

Release 051101-2 ISAS/JAXA

宇宙航空研究開發機構／JAXA提供。

TNO 小行星 90377（Sedna）想像圖

NASA／JPL-Caltech提供。

08. 太陽系有幾大行星？

　　2006年8月，太陽系不再是由九大行星組成的消息傳遍全世界。經過長年的爭論，在布拉格舉行的國際天文聯合會（IAU）中，決定自此以後對於行星的認定應該用更科學的方式決議。

　　長期以來，行星一直都被認為是在太陽周圍環繞的大型天體；它的總數一共有九個，在最外側的行星是冥王星。雖然我們從來沒有正式地對行星做明確的定義，但這樣的認定也從來沒有任何不妥的地方。

　　但是，這個在1930年發現，當時被認為大約是和地球差不多大小的冥王星，經過多年的觀測之後，我們發現其實它是一個比我們想像中還要小很多的天體，而且它的軌道還有稍微的歪斜等等，擁有一些和我們想像中的行星不太一樣的特徵。在這之後的1978年，藉由發現了幾乎有冥王星一半大小的衛星「冥衛一（凱倫）」，我們得知冥王星其實比地球的衛星（月亮）還要來的小。

　　更進一步在近幾年的觀測中，我們確認了在海王星外側有眾多小天體TNO的事實，而冥王星的成因與行星也不相同，因此把冥王星解釋為在太陽系邊境為數眾多的微小天體之一似乎也愈成了理所當然的事實。因此在2003年10月，我們終於發現了一個比冥王星還要大的天體2003UB313（在2006年9月命名為Eris，中文：鬩神星）。

　　類似冥王星這種，被我們認定為不論是在科學的定義之下，或是在大小上都稍微不符合行星特徵的天體，最後被納入一個意為小行星的「矮行星（dwarf planet）」新範疇之內，且冥王星成為該範疇中的領導者。

冥王星與冥衛一（凱倫）

NASA提供。

各式各樣的 TNO

左上角為Eris，此為Eris尚未命名前暫用Xena代替的狀況。NASA提供。

09. 尋找第二個地球

在現在的天文研究中，太陽系外行星是一個非常受到矚目的議題。

從很久很久以前，人們對於「除了太陽以外的星體周圍是否也有行星存在？」這件事一直都抱持著疑惑的態度。從20世紀中開始的太陽系外行星探索，隨著觀測技術的進步也亦趨專業，終於在1995年的時候，由日內瓦天文台的研究人員發現了一個圍繞著飛馬座51公轉的類木行星。然而至今，我們已經找到了超過200個以上的行星。我們現在將這些存在於太陽系外的行星合稱為「系外行星」。

我們在飛馬座51發現的系外行星，就在恆星（原生星球）的身旁公轉；因為我們預測它是藉由母星的光和熱才能變得高溫，因此這種類型的系外行星又稱之為「熱木星」。雖然熱木星是走圓形軌道的系外行星，但也有不是圓形軌道，和彗星一樣是橢圓形軌道的熱木星，我們稱這些熱木星為「離心木星」，占目前發現的系外行星的三分之二。另外，我們通常可以在一顆恆星周圍找到好幾個系外行星（「multi-planet」），或許行星都是複數存在的吧。

雖然由於觀測準確度的問題，使得我們目前發現到的行星只有這一個類木行星；但現在我們也已經開始進行尋找其他行星系的計畫，相信在不久的將來，發現地球型行星的「第二個地球」的日子似乎也指日可待了。（此部分將會在第二部「尋找第二個地球」進行更詳細的解說。）

補充說明：在初版的校正中，發現了比地球質量大五倍、並且還有水存在的行星——葛利斯581c。

系外行星想像圖

（出處：http://ipac.jpl.nasa.gov/media_images/large_jpg/artist/extrasolar2.jpg）

熱木星 HD149026 想像圖

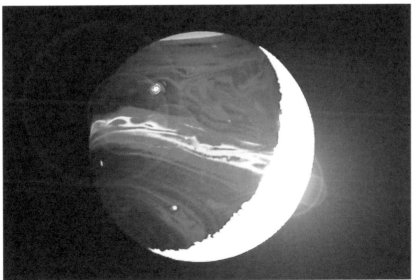

（出處：http://www-int.stsci.edu/~inr/thisweek1/thisweek/HD149026.jpg）

10. 星空導遊──星座

　　從紀元前3000年左右起，人類便會仰望天上閃耀著無數光芒的星空，想像這些星星拼湊起來的形狀。在古代文明發展迅速的國家：巴比倫、埃及和中國等，都有各自獨立發展出的星座系統。然而這些從東方各國所發展出的星座體系，到紀元前六世紀時由古希臘繼承下來，一直到現在成為我們所熟知的星座。古希臘的天文學家托勒密（Ptolemaios）將其整理過後，成立了包含黃道12星座的48個星座。接著在西元17世紀人類開始前往南半球航海的時期，也加入了南天的星座。星座在這樣日益增加的狀況下，國際天文學聯合會（IAU）在1928年的時候，將天空分為88個正式的星座，而這些正式的星座，目前被世界各國共通使用。

　　這些在夜空中閃耀的星星，都和太陽一樣是藉由星體中心部的核融合反應產生熱能，自體產生光亮的恆星。這些恆星通常都在距離我們很遙遠、在太陽系的遠方存在著，而這之間的距離大約是好幾光年到好幾萬光年之間都有。就連其中距離太陽最近的一個恆星系──半人馬座 α 星（南門二星），都有4.3光年（大約40兆公里）的距離，就算我們搭速度最快的火箭也需要8萬年才能到達。

　　其實，這些屬於同一個星座中的星星們，即使在我們眼中看起來似乎是差不多距離，但是實際上他們的距離卻是不盡相同。舉例來說，假如我們往宇宙飛去，從旁邊看北斗七星的話，可能北斗七星就不會再是杓子的形狀了。如果在遙遠的星星上也有其他生物存在的話，說不定在他們眼中所看到的星座會和我們看到的星空完全不一樣。

星座與星座圖

栗田直幸提供。

我們眼中的獵戶座與其實際上的距離圖示

鈴木浩之提供。

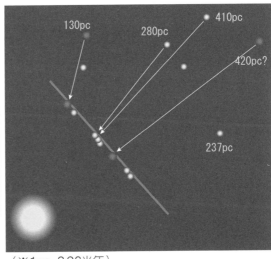

130pc

280pc

410pc

420pc?

237pc

（※1pc=3.26光年）

11. 星星的亮度與顏色

　　我們在夜空中可以看到的星星，其中有很亮的星星，也有暗的星星。為了表示出他們亮度的不同，於是誕生了劃分星星亮度等級的概念。大約在西元前2世紀的時候，希臘的喜帕恰斯依據肉眼可見星星的不同亮度，由亮至暗將星星劃分為一等星到六等星。英國19世紀的普森（Norman Robert Pogson），將最亮的一等星的亮度定義為比第六等星亮一百倍，並且將各等級星星之間的「比例」概念一定化、數學化；也就是說，各等級的星星之間的比例皆為2.51倍。普森的這項定義也沿用至今。

　　若我們仔細觀察天上的星星，也會注意到每顆星顏色的差異吧？例如說，在獵戶座左上方的參宿四（Betelgeuse，又名獵戶座 α 星）呈現出來的是橙色，在右下方的參宿七（Rigel，又名獵戶座 β 星）呈現的是白色的亮光。這個讓星星呈現不同顏色差異的原因，是由於每顆星體表面溫度不同的緣故。低溫的星體因為會發出紅色或橙色的光芒因此看起來比較偏紅；而高溫的星體，例如說會發出綠色、藍色、甚至是顯示出相對亮度強度較高的紫色光芒，因此我們看起來會是白色或是藍白色。

　　由於星星的光芒原本就是由很多色彩調合而成，若經由稜鏡折射，就會顯現出美麗如彩虹般的七彩顏色（光譜）。然而，這個光譜又是讓我們可以窺知星體訊息的寶庫，這是因為我們可以從仔細觀測星體顏色的濃淡和特徵，分析出包含各星體的溫度和壓力、構成元素等等的物理情報，以及從視角方向所看到星體的運動方式（徑向速度），以及地球和天體間的各種資訊（星際物質的資訊）等各式各樣的情報。

　　星星的光譜，從它的細部特徵來看可以分類為：

　　O － B － A － F － G － K － M － L － T

速度越快的星體越是高溫、也越年輕，也就是這分類中的Ｏ型和Ｂ型，它們的表面溫度可以高達好幾萬度。另外，速度越慢的星體表示越低溫，例如說Ｍ型的星體表面溫度大概就只有3000度左右。最近我們才用紅外線觀測找到的Ｌ型和Ｔ型的表面溫度，大概是1000到2000度左右。順帶一提，太陽是屬於Ｇ2型的，表面溫度是6000度，正好是中間溫度的星體。

　　這些星體所放出的光芒，正可說是「天體的指紋」！

獵戶星座

鈴木浩之提供。

各個星體代表的光譜

出處：岡山天體物理觀測所&粟野諭美等著《宇宙光譜博物館》。

12. 星星的誕生

當我們使用雙筒望遠鏡或望遠鏡觀測星空，可以發現和普通的星星不同、一片像雲霧般擴散在天空中的斑塊，我們稱這種由氣體和宇宙塵埃結合而成的雲為「星雲」。這些星雲又分成瀰漫星雲（發射星雲、反射星雲）、黑暗星雲、行星狀星雲、超新星殘骸等，其中瀰漫星雲和氣體濃度較高的黑暗星雲，又被認為是星星的誕生地。

比方說，當我們觀察冬季代表星座獵戶座的三顆星的下方時，應該可以看到稍微帶點粉紅色的雲霧狀斑塊吧？在這個被稱作是獵戶座大星雲的星雲之中，正有四顆名為四合星（Trapezium）剛出生不久的星團。如果更進一步用紅外線進行觀測，還可以找到更多的星星寶寶呢！

宇宙空間之中，存在著一些由氫分子形成的稀薄氣體。這些由氫分子形成的氣體在經過某種作用後凝結成一塊氣體（分子雲），而這個分子雲在自己的重力作用之下開始收縮之後，就會形成一個密度較高的氣體塊（分子雲中心部），而這個部分就是所謂的「星星的胚胎」。接著這個氣體塊便會開始旋轉，進而形成圓盤狀，然後它的中心部分便會開始發光，這就是星星寶寶（原恆星）的誕生過程。

由於原恆星整體都被氣體包圍，因此我們很難用肉眼發現它的蹤跡，但是我們還是可以看到包圍著它的氣體，因為原恆星發出光亮而提高溫度，使之成為瀰漫星雲所發出的亮光。於是我們可以說，這個瀰漫星雲就是星星寶寶的搖籃。之後，隨著原恆星的成長，身旁的氣體也逐漸會被吹走，變成一個成熟的「主序星」。

獵戶座大星雲

NASA提供。

在獵戶座大星雲 M42 發現到的原恆星及其吸積盤的影子

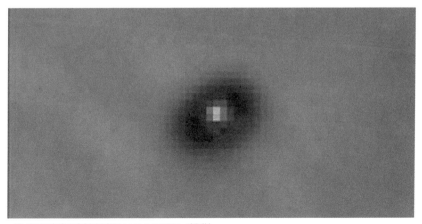

哈伯宇宙望遠鏡拍攝NASA/STScI提供。

13. 失敗的恆星——棕矮星

　　當宇宙中的氣體聚集在一起成為「星星」的時候，此時如果它的質量太小，小到只有太陽質量的1％～7％的話，這個星體中心部的溫度和密度就會太低，因而導致無法進行核融合反應，像這類型的「星星」無法透過核融合反應得到能量發光。因此，也不是一直到最近我們才開始使用望遠鏡去觀測這些不會發光的星體，而是從巨大望遠鏡問世和高性能紅外線照相機的開發開始，我們才得以利用這些可以觀測不會發亮的星體的工具，得知其實在宇宙中存在著這些數不清的黑暗星體。

　　若這個星體的質量只有木星的10～80倍左右、表面溫度也只有1000度到2000度時，我們稱之為「棕矮星」。這個名字的由來是由於它的溫度非常低，所以可能因為含有多量的甲烷和氨等等的分子，而造成近看是「棕色」的緣故。

　　在質量方面，棕矮星和這類像木星一樣的氣態星球卻是相當類似的兩種星體。但是，棕矮星和氣態星球的構造和成因，卻又有兩個根本不同的點。這兩個點就是：一、棕矮星連中心部都是由氣體構成，而氣態星球的中心部卻是固體；二、棕矮星通常是以聯星或單獨的方式存在於宇宙，而氣態星球則是環繞在母恆星周圍。

　　到目前為止，在銀河系中至少存在著1000億個以上的棕矮星。另外，我們相信宇宙中也應該有一定質量、但是我們肉眼卻看不到的謎樣物質存在。

棕矮星葛利斯 229 B（Gliese 229B）

左側的圖為在帕洛馬山天文台照到的影像，右側為由哈伯宇宙望遠鏡拍攝到的影像。左邊較大的星體為葛利斯229A，中央偏右的小點就是棕矮星。（NASA/STScI提供）

棕矮星的大小

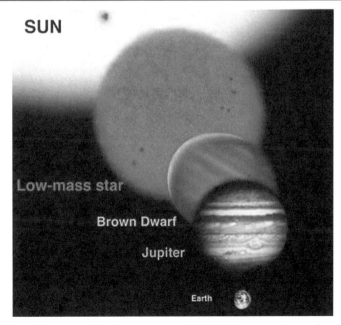

（出處：http://space-flightnow.com/news/n0205/22closest/sizes.jpg）

14. 紅巨星與白矮星

　　原恆星是恆星形成過程中的早期階段，它會一邊放射能量一邊花個數千萬年慢慢收縮，接著中心部的溫度才會逐漸提高。一直到中心溫度達到一千萬度的階段，經由在中心進行的核融合反應點火之後，原恆星才會成長為成熟的星體——主序星。最後，再經由在主序星中央部分的氫氣分子核融合反應開始燃燒，才會進入「燃燒的星星」這個階段。

　　各種不同的星體，會因為質量的不同而影響到其壽命的長短。例如，當太陽還在主序星階段的時間，就已經約有100億年之久了！另一方面，比太陽的質量還要大20倍以上的星體，它們的核融合反應還會比太陽更激烈，而且也會比太陽亮數萬倍。不過，也因此在這樣核融合反應過度的狀態下，這些星體中心部的水分也會迅速燃燒完畢，結果在短短的七百萬年左右就會結束在主序星階段。相反的，只有太陽質量的一半的星體，它的核融合反應就會較緩慢，甚至可以存活到一千億年以上呢！因此，星星的壽命是由它的質量主宰，質量越輕的星星越長壽，越重的星星就越短命了。

　　然而，當正直壯年期的主序星年老的時候，在中心部燃燒過後的氫氣殘渣「氦」便會不斷累積，這些存在於星體中心核的氦如果累積超過一定的程度，星體內部就會因為熱源不足而使得中心核開始收縮。另外，在此同時，星體為了保持平衡，氫氣的外層也會不斷膨脹，形成半徑比太陽大一百倍以上的「紅巨星」。這個紅巨星之所以呈現紅色的原因，是因為星體在經過不斷的膨脹之後，其表面溫度下降的關係。

　　另外，星體的命運也和它的重量有關。例如說，比太陽還要輕八倍的星體，到最後中心核會縮小、將周圍的氫氣吹開，只剩

下碳和氧形成的核心，這就是所謂的「白矮星」。通常白矮星都只有直徑數萬公里左右、或是太陽的一百分之一左右（大約和地球一樣）的大小，但是它們的質量卻和太陽差不多，因此它的密度大概是1立方公分（一顆方糖大小）有1噸重。

這些被吹開的氫氣，在白矮星光芒的照射下會成為「環狀星雲」，呈現出美麗的樣貌。環狀星雲的形狀，從圓形到類似沙漏一般的形狀，可以說是五花八門；這是由於我們在觀測這些氣體擴散的狀況的時候，常常是從橫向或是從上方往下看等等，觀測的角度不一所致。

星星的進化和結束

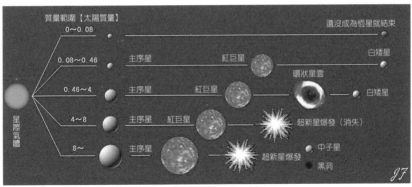

出處：粟野諭美等著《宇宙光譜博物館》。

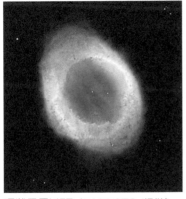

環狀星雲M57（NASA/STScI提供）。

紅巨星參宿四（獵戶座α星，Betelgeuse）（NASA/STScI提供）。

15. 超新星與伽瑪射線暴

　　比太陽重8倍以上的星體，通常都會有戲劇性的結局。這是因為，這些星體在最後死亡的瞬間都伴隨著星體全面性的大爆炸，而我們稱這樣的爆炸為「超新星爆炸」。由於這種爆炸都極其明亮，因此在爆炸過程中所突發的強光經常會讓人誤以為夜空中突然出現了一顆新星。在1987年，在距離我們所在的銀河系非常近的大麥哲倫星系中發現的一次超新星爆發1987A，之後亮度升高到成用肉眼也能看到的程度。另外，在這次爆發中，我們也在神岡宇宙素粒子研究中心（KAMIOKANDE）的神岡探測器偵測到微中子（Neutrino）的成分。

　　另外，因為大爆發而四處飛散的氣體，也會成為我們觀測得到的「超新星殘骸」。而這些氣體最後終究會擴散至宇宙空間裡，再次變成星星胚胎的材料。

　　因為考慮到有些質量比太陽大上30、40倍的星體如果發生了超新星爆發，它們的爆發規模也會比我們原本預測的狀況還要大非常多；因此最近還有稱為「極超新星」的爆發名稱。雖然這個假說尚未定案，但是我們認為，當這些超新星爆發之後，中子星可能會因為這個超新星的爆發而形成黑洞。

　　再者，這類似乎可以造成黑洞的極超新星爆發，還被認為有可能會在爆發的同時，以近乎光速的速度噴射出氣流狀的物質。接著，隨著這個次光速氣流的產生還會引發強烈的伽瑪射線，從而演變成宇宙最大的爆發現象「伽瑪射線暴」；因此，這類的極超新星爆發才會受到研究人員的強烈關注。（此部分將會在第二部「探索伽瑪射線暴」進行更詳細的解說。）

在大麥哲倫星雲中發生的超新星 SN1987A

© Anglo-Australian Observatory

左：發生後、右：發生前（出處：Anglo-Australian Observatory）。

在 M74 發生的極超新星 2002ap

左：發生後、右：發生前（日本群馬縣立群馬天文台提供）。

16. 中子星

　　比太陽的質量大30倍左右的星體，通常會在超新星爆發之後留下中子星，而比這種星體的質量還要再更重的星體，當它們的中心崩潰，便會形成黑洞。

　　「中子星」的半徑雖然只有大約10公里，而且比白矮星還要小，但是它的質量卻和太陽差不多，因此中子星的一塊方糖大小的重量，就可以高達好幾億噸重呢！所以，想當然耳，像中子星這樣密度這麼高的物體，就會失去一般物體的狀態，而它周圍的物質則是由原子（被複數的電子包圍住的質子和中子形成的原子核）和複數的原子結合而成的分子所組成。另外，中子星自己本身也會因為原子完全的崩潰，電子被質子吸收而轉化成中子，導致全部星體成為中子集合體。因此，這裡我們所說的「一個方糖的大小就有五億噸重」所指的，就是中子星的原子核。

　　有些中子星的旋轉速度極快，而且會週期性發出電磁場，因而這類中子星又被稱為「脈衝星（Pulsar）」。有些脈衝星在1秒之中可以自轉一次，速度更快的也有1秒鐘旋轉1000次的脈衝星；它們在磁極的部分會發射出很強的電磁波。但由於其磁軸和自轉軸並不重合，所以它發射電磁波的方向也會在它轉動的同時跟著轉動。由於我們是在它對地球方向發射出電磁波的時候才觀測得到它，因此我們看到它在磁場旋轉時所產生的無線電波，是以一明一滅的方式傳到地球。當我們在1967年第一次發現到中子星的時候，甚至還以為這個規律發射出來的電磁波，是外星人傳達給我們的信號呢！

　　當我們在觀測超新星爆發後產生的殘骸「蟹狀星雲（M1）」的時候，也可以在它的中心看到脈衝星。

蟹狀星雲與蟹狀的脈衝星

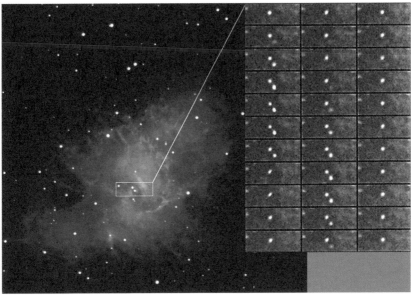

NANO/AURA/NSF提供。

蟹狀星雲

Crab nebula

在可見光的情況下拍攝到的照片（大阪教育大學提供）。

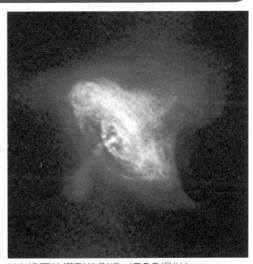

X光線下拍攝到的影像（ESO提供）。

17. 時空裂痕——黑洞

　　我們認為，當比太陽的質量大過30倍甚至是40倍的星體引起了超新星爆發之後，就會產生「黑洞」。所謂的黑洞，也是只有直徑幾公里大小的天體，但是由於它的質量也和太陽差不多大，因此一個方糖大小的黑洞重量就高達幾百億噸！因此，黑洞的重力非常強大，連同存在於它身旁的任何物體、甚至是光線，都會被黑洞吸進去，這也就是我們稱它為黑洞的原因。

　　我們利用愛因斯坦的相對論預測出有黑洞存在的解答是在1939年的時候，但是實際上「觀測」到的時候是在1971年以後的事情了。

　　雖然黑洞本身不會產生光亮使得我們無法用肉眼看到，但是，由於黑洞都是在大質量的星體發生超新星爆發之後才會形成，所以它有時候會和其他的星體成為聯星的狀況。在這樣的狀態下，黑洞的引力會吸引位於它附近星體的氣體繞到它前面呈現，因而在黑洞周圍可以看到有高溫吸積盤的存在。然而，又因為這些在黑洞附近、溫度升高到好幾千萬度的吸積盤氣體會放射出非常強烈的X射線，因此我們才能夠觀測到黑洞的存在。

　　在夏季的代表星座天鵝座中，就存在著在1971年首次被人類發現的，屬於黑洞的聯星「天鵝座X-1（Cyg X-1）」。（此部分將會在第二部的「黑洞軌跡與新模型」以及「高能量氣流」進行更詳細的解說。）

天鵝座與 X-1 的位置圖，以及 X-1 的分光雙星 HD226868

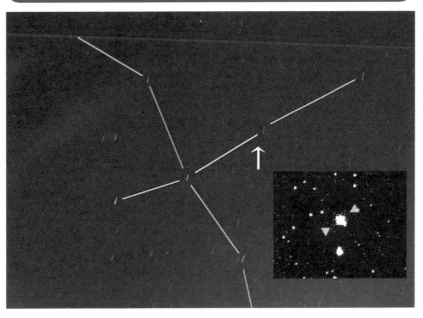

Cyg X-1 模型圖

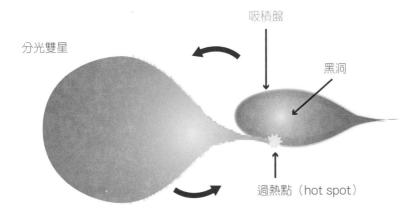

吸積盤

分光雙星

黑洞

過熱點（hot spot）

18. 銀河系的構成與構造

　　銀河是一條高掛在黑夜的天空中，如一抹淡淡雲系般的銀色河流。而它的真面目，正是由無數星星們所集合而成的集合體，也就是從橫向觀察我們存在的銀河系的模樣。西元1610年，義大利的伽利略，使用自製的望遠鏡確認了銀河是由許多星體所集合而成；18世紀後半，英國的威廉‧赫雪爾更一一列舉出存在於銀河中的星星，並描繪出銀河系的模樣。而到了20世紀，加上美國的沙普利等人算出銀河系球狀星團的距離，才形成了現在我們想像中銀河系的樣子。

　　銀河系中大約是由兩千多億個恆星所組成，我們猜測，從上往下看銀河系的話會呈現出漩渦狀，而從橫向來看的話，銀河系應該會呈現出中間部分隆起的圓盤狀。說到這個圓盤的直徑竟然就有10萬光年之長，厚度方面中心部也有1萬5000光年之大呢！在這個銀河系的「銀盤（盤面）」中，加上無數的星星存在著由數百到數千顆年輕恆星的「疏散星團」，以及為數眾多的星雲擠在其中，好不熱鬧。另外，圍繞在銀河系周圍的「銀暈」則存在著由數十萬顆老恆星所集結而成球狀的「球狀星團」；再者，還充滿著肉眼無法看到的「黑暗物質」。我們認為這個黑暗物質比我們用肉眼可見的星體等等的一般物體大10倍以上，但是目前為止還無法得知它真正的樣貌。

　　而我們存在的太陽系，就在距離這銀河系中心大約2萬7000光年遠的盤面上，依據觀測的角度不同，所看到的星星的集合也會有所不同。在星體聚集密度最高的銀河系中心裡，因為正面朝著以夏季星座聞名的射手座的關係，我們在夏季看到的銀河系也會特別明亮。

　　在這個銀河系的中心，有著比太陽重370萬倍的巨大黑洞。雖

然這個銀河系中心比起太陽系以外的銀河來說距離我們已經算是相當近了，但是由於銀河系內有大量的塵埃，因此要觀測到存在於其中的黑洞還是非常困難。即使如此，我們還是可以藉由穿越宇宙塵埃的電波、紅外線、X光線，以及伽瑪射線等的觀測，發現黑洞會從中心發射出強烈的電波和X光線。像這樣得以對銀河系的中心進行探索其實是近期以來才開始進行的行動，但我們對於這麼龐大的黑洞的起源還是一無所知。

銀河

（栗田直幸提供）

銀河系想像圖

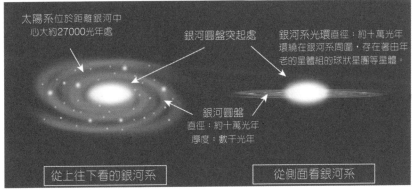

太陽系位於距離銀河中心大約27000光年處

銀河圓盤突起處

銀河系光環直徑：約十萬光年
環繞在銀河系周圍，存在著由年老的星體組的球狀星團等星體。

銀河圓盤
直徑：約十萬光年
厚度：數千光年

從上往下看的銀河系

從側面看銀河系

19. 星系的形狀與種類

　　銀河系是存在於廣大宇宙中的其中一個星系。而「星系」是由好幾百億、好幾千億個恆星和大量的星際物質所組成的集合體，即使是我們熟知的「銀河系」，也不過是宇宙中眾多星系的其中之一而已。

　　關於星系的形成，是經過宇宙最初的大霹靂之後產生了氫氣與氦氣等氣體；當這些氣體集合在一起，便形成了星系的小寶寶（原始星系）。而這個小小的原始星系在經過不停地和別的星系衝撞、合體之下，從星系裡的氣體中生出了星星。我們認為原始的星系就是在歷經像這樣持續不斷擴大的過程之後，才形成了現在我們所看到的雄壯景象。

　　一般的星系，通常直徑大約在1萬光年到30萬光年之間，重量大約是太陽的10億倍到1兆倍之間。其中，也包含了名為巨大橢圓星系、比太陽重10兆倍的超巨大型星系；以及被稱作矮星系的又暗又小的星系。

　　從形狀來分，大致分為圓形的橢圓星系、擁有漩渦狀圓盤的螺旋星系、雖然是圓盤但是卻沒有形成螺旋狀的透鏡狀星系、以及不屬於任何一類的不規則星系。橢圓星系的成分裡幾乎沒有氣體和塵埃，是由年老的星體所組成的星體；因此，他們大多呈現出微微的黃色甚至還帶點紅色。相較於橢圓星系，螺旋星系的旋臂因為含有大量的氣體和塵埃，由較年輕的星體組成，因此而呈現青綠色。另外，它的中心部分是年老的星體組成的核球，它的形狀分為圓形和棒狀（棒旋星系）兩種。這種分類法是依據20世紀時，美國的天文學家愛德溫·哈伯提出的「哈伯序列法」分類而成。

　　另外，在星系裡，也有由龐大的能量產生、活動劇烈的星

系；其中最具代表性的，是中心有「活動星系核」的星系，以及「星爆星系」。我們知道在星系的中心，都有個巨大的黑洞；但是當黑洞吸入氣體的時候，星體就會同時釋放出強光、電波和X光線，使得星系的中心閃耀出光芒；而發光的部分，就是所謂的活動星系核了。擁有活動星系核的星系，包含了西佛星系、無線電星系、類星體、和蠍虎座BL型天體等等，個個都有其不同的特徵（此部分在第二部的「通往銀河盡頭之路」有更詳細的解說）。

銀河的哈伯序列表

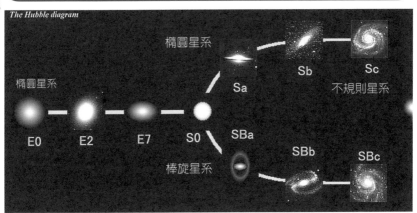

（出處：粟野諭美等著《宇宙光譜博物館》）

各式各樣的星系

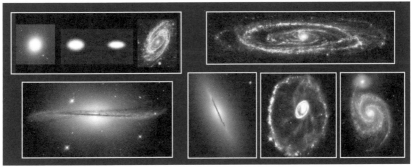

20. 宇宙膨脹的發現

　　分散在宇宙各處多數的星系，並不是都靜止不動的；相反的，它們正以猛烈的速度離我們而去。這是因為宇宙是一直不斷地擴張的關係。

　　根據「都卜勒效應」的說法，不斷往我們的遠方運動而去的天體發出的光波長會朝紅端移動（紅移）；相反的朝著我們的方向不斷運動前進的天體所發出的光波長則會朝藍端移動（藍移）。因此，以此觀察天體的光譜，可以察知物體朝向視線方向的速度（徑向速度）。

　　第一次世界大戰後，在美國威爾遜山天文台工作的愛德溫‧哈伯，用2.5m口徑的大望遠鏡持續拍攝到不少星系的照片。哈伯在觀測主要的目標仙女座星系（日文稱之為仙女座銀河）的同時，也觀察到在仙女座星系之中的一顆變星，更利用觀測出變星的亮度，算出我們與仙女座星系之間的距離。並且從這次觀測也得知，其實仙女座星系是存在於銀河系之外的一個和銀河系毫不相關的星系。

　　除此之外，哈伯從觀測鄰近的星系得知，①宇宙中大部分的星系都有紅移的現象；也就是說，星系正在進行著遠離我們的運動。②越是距離我們遙遠的星系，依距離的比例，越遠的運動速度越快；意指，離我們越遠的星系，以越快的速度離我們遠去。這就是哈伯在1929年時發表的「哈伯定律」（來自遙遠星系光線的紅移與他們的距離成正比）。

　　依據哈伯定律的意義也代表著，「宇宙一直都在膨脹當中」。所有的星系都在遠離我們，而且離我們越遠的星系，以越快的速度離我們而去，這是因為宇宙空間膨脹的緣故。正因為這個空間會擴大，我們才會發現「宇宙膨脹」的事實。宇宙在起源

之初，因為大爆炸的發生而急速地膨脹，而在經過冷卻之後，星系也誕生了。也就是說，我們只要繼續對宇宙進行觀測，就能夠瞭解宇宙過去的狀況，也能夠因此分析出星系進化的過程。

膨脹中的星系

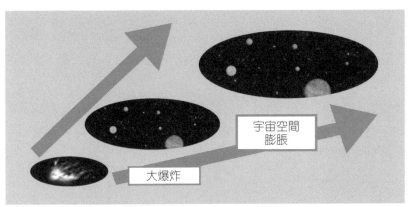

宇宙空間膨脹

大爆炸

正在操作帕洛馬山天文台的 48 英吋施密特望遠鏡的愛德溫·哈伯

（NASA提供）

21. 宇宙中的天然望遠鏡

　　就像每個人都有各自獨特的指紋一樣，每個天體發出的光譜也都不同。本來我們都是這樣認為的，但是一直到1979年的時候，發現了擁有幾乎如出一轍的雙胞胎天體——類星體0957+561A＆B！

　　類星體是存在於遙遠宇宙中非常明亮的活動星系核，雖然類星體0957+561A＆B是位於大熊星座方向裡等級17的天體，但是它們卻像雙胞胎似的兩個點並排在一起，所以在被發現的當時，被稱為雙胞胎類星體。而且，它們的光譜真的是完全一模一樣呢！

　　事實上，這兩個雙胞胎類星體，其實並不是兩個，而是只有一個類星體，因為從我們的角度去看，看起來有兩個，因此才被認為是雙胞胎星體。根據愛因斯坦的廣義相對論，在一般星體和星系等有相當大質量的天體周圍，都會因為重力的關係而導致空間扭曲，因此經過該處的光線也會因而曲折。所以，本來無法被傳遞到地球的類星體的光，也因重力的彎曲而射向地球，進而產生讓我們以為有兩個類星體的錯覺。

　　這個現象就是我們所謂的「重力透鏡效應」，這種效應之後還被發現會顯現出三胞胎和弧形等等各式各樣的好幾種樣貌。就好比是擔任鏡片一樣功能的重力透鏡，能夠幫助我們觀測位於遠方天體的光，可以說是宇宙為我們準備的天然望遠鏡。

　　最近，我們還利用重力透鏡來尋找黑暗物質以及太陽系外的恆星等等，進行各式各樣的調查。

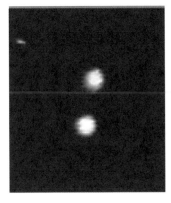

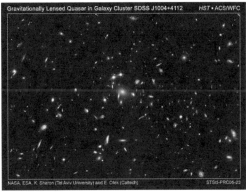

重力透鏡天體0957+561A&B
（大阪教育大學提供）。

星系團SDSS J1004+4112的重力透鏡像
出處：http://hubblesite.org/gallery/album/the_
universe_collection/pr2006023a/web_print）

重力透鏡的結構

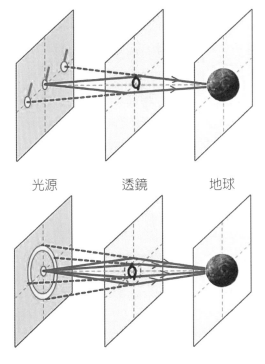

光源　　　　透鏡　　　　地球

22. 宇宙的大規模構造

　　如果能夠眺望到宇宙的深處，你想會是怎麼樣的風景呢？為了幫大家解答這個問題，科學家們進行著許多像是「史隆數位巡天（Sloan Digital Sky Survey，縮寫為SDSS）」的大規模調查。

　　經由調查發現，銀河是由數百到數千個「星系群」和「星系團」聚集而成的大型集合體。這些星系群和星系團並非平均分布在宇宙之中，而是在各個領域之中，有疏密不同的狀況。另外，還有一種串連了這些星系群和星系團、至少有好幾億光年大小的星系團集合，我們稱之為「超星系團」。根據最近的大規模調查觀測，這種「超星系團」有著扁平的絲狀構造，形成萬里長城的模樣。

　　再者，也有被好幾個超星系團包圍住、大小大約有好幾億光年大的空間中，沒有任何星系存在的領域，被稱作「空洞（void）」。宇宙的整體結構，就像是由超星系團和空洞相互交織而成的肥皂泡泡般的構造，形成的大型物體。

　　像這樣對宇宙中星系的集團性進行大規模的觀測調查，就等於是在製作宇宙的地圖，而這樣的作業則是我們認識宇宙構造需要的最基本工作。為了瞭解在宇宙形成之初，宇宙在經歷過大爆炸的時候，微量的物質和能量是如何而產生晃動，而這些晃動又是如何的成長，進而形成我們現在所見的宇宙，所以能夠早日完成宇宙地圖是相當重要的關鍵之一。

后髮座星系團

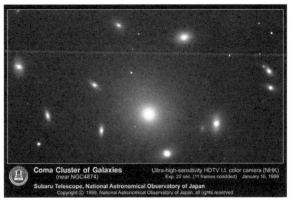

Coma Cluster of Galaxies
(near NGC4874)
Ultra-high-sensitivity HDTV I.I. color camera (NHK)
Exp. 22 sec. (11 frames coadded)   January 16, 1999
Subaru Telescope, National Astronomical Observatory of Japan
Copyright © 1999, National Astronomical Observatory of Japan, all rights reserved

（國立天文台 昂宿星團望遠鏡提供）

依據電腦模擬器模擬出的「宇宙大規模構造」

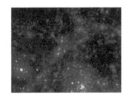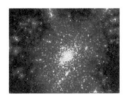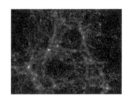

（國立天文台四次元數位宇宙研究小組提供）

在 2df（兩度視野角）之內進行全天調查得到的星系分布圖

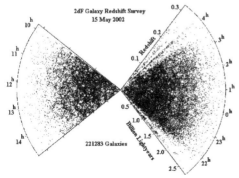

扇形的中心是地球（銀河系），大約縮小了22萬個星系之後的圖。根據半徑方向，往上方的刻度是指紅移、往下方的刻度是距離。（以光年為單位）（AAO提供）

23. 宇宙的黑暗時代

　　宇宙在誕生的時候，是一顆充滿光能和物質的高溫高密度火球，但是在它不斷膨脹的同時，火球的溫度也不斷地在下降。接著，在宇宙誕生過了大約40萬年、並且膨脹了大概一億光年之多的時候，火球也隨之降溫至3000K左右、在此之前就已完成電離的氫分子（陽子和電子）也慢慢結合形成了中性的氫分子。因為不透光的電離氫分子，對光來說已經變成中性氫分子的緣故，所以整個宇宙才會顯得非常清澈透明，這就是我們所謂的「宇宙放晴」。

　　當宇宙放晴的時候，遍布於整個宇宙的氣體物質（大部分是氫氣）的其中一部分說不定已經電離完成，但是絕大部分應該都還處於未電離完成的中性狀態。我們認為，這樣的狀況確實應該存在過一陣子。但另一方面，現在存在於銀河間的稀薄氣體，卻不是屬於中性狀態，而是幾乎已經完全電離完成。這就代表著，在宇宙放晴過後的某個時間點，存在於宇宙的氣體必定是再次進行了一次電離的過程。像宇宙這樣似乎是在誕生過後的好幾億年之後，才開始又忙碌地不斷在進行中性化和電離反應的過程，我們稱這樣的狀況為「宇宙的再電離」。

　　為了將處於中性狀態的氫氣再次被解離成帶電粒子，就會需要外部供給紫外線等等的能量；也就是說，在宇宙進行再電離之前，不知道是星星還是類星體供給了氫氣再電離的紫外線光源。而宇宙的再電離，也意味著「最初的天體形成」的重要事件之一。

　　但是，雖然說變成中性狀態的氫氣，會產生一種稱為中性氫分子的「21cm線」的電波，但卻不會利用發射電磁波來傳達信息。因此，我們很難瞭解到，從宇宙放晴到宇宙孕育出眾多星星

和星系之前的期間，宇宙到底發生了哪些事情；所以，我們稱這段時期為「宇宙的黑暗時代」。

宇宙放晴

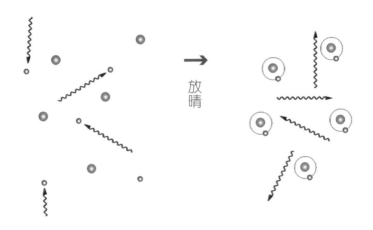

宇宙中進行再電離的情況

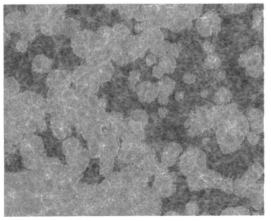

（出處：http://www.cita.utoronto.ca/~iliev/dokuwiki/doku.php?id=reionization_sims）

24. 宇宙的盡頭與起點

　　我們認為，我們所居住的宇宙是在距今大約137億年以前誕生的。宇宙一開始出現的時空「大爆炸」，就是指我們說的「宇宙大爆炸理論」。這個大爆炸是在時空誕生的同時，經由膨脹所產生的狀況，與本來就已經存在於時空之中的普通大爆炸是完全截然不同的情形。

　　根據宇宙大爆炸理論對於宇宙形成的解釋，「宇宙在形成之初，當時時空本身相當狹小，而宇宙的物質在超高溫、超高密度的火球狀態之下，不斷地被質子和中子打散。然而，隨著時空的膨脹，宇宙的物質也逐漸冷卻，經由核融合反應產生了元素，最後這些物質集結在一起形成了星星和星系。」這個理論是以物理學為基礎，可以用相對性理論和原子核物理學證實，並由（一）銀河系正在逐漸遠離地球的哈伯定律的發現，（二）宇宙微波背景輻射就是高溫火球的餘燼的發現，以及（三）如同我們的預測，宇宙中的確有氦分子等輕元素存在；這三項有力的觀測結果確立了這個理論的真實性。

　　若用公式來表示這個在西元1929年愛德溫・哈伯發表的「來自遙遠星系光線的紅移與他們的距離成正比」，這個在觀測過後證實的哈伯定律：將地球到銀河的距離假設為r、銀河的退後速度為v，則可顯示為：$v = Hr$

　　在這個哈伯定律中表示「比例常數」的H，是被稱為「哈伯常數」的定值，用以表示宇宙膨脹的程度。也就是說，哈伯常數是指位於1Mpc（326萬光年）之遠的銀河的後退速度（km/s）的基準。而目前經由哈伯太空望遠鏡對於遙遠銀河的調查以及對Ia型超新星的觀測，我們推測哈伯常數值大概是H＝71km/s/Mpc。

大爆炸理論概念圖

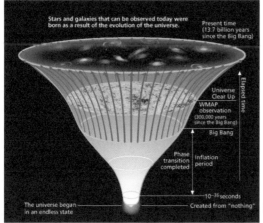

Stars and galaxies that can be observed today were
born as a result of the evolution of the universe.

Present time
(13.7 billion years
since the Big Bang)

Universe
Clear Up

WMAP
observation
(300,000 years
since the Big Bang)

Big Bang

Phase
transition
completed

Inflation
period

10^{-36} seconds

The universe began
in an endless state

Created from "nothing"

Elapsed time

由下至上為過去到現在。

ビッグバン

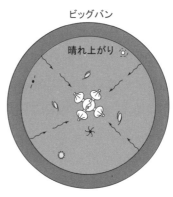

晴れ上がり

在宇宙大爆炸的理論下因為空間會無
限延展,所以只要觀測宇宙的遠方,
便可以得知過去宇宙的樣貌。

哈伯定律

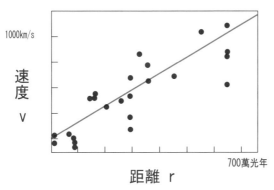

1000km/s

速
度

V

700萬光年

距離 r

25. 地球以外的生命探查

　　在第一部的最後，讓我們來做做夢吧！探索地球以外的天體可能存在的生命體、甚至是有智慧的生命，也就是所謂用科學的方式來尋找外星生物，我們稱之為「搜尋地外文明計畫SETI（Search for Extraterrestrial Inteligence）」。

　　在西元1960年的時候，美國西維吉尼亞州Green Bank市的26口徑的無線電望遠鏡，開始向在太陽附近並且和太陽很相似的兩顆恆星（波江座 ε 星、鯨魚座）進行調查。這是為了取得地球以外文明生物生存跡象的電波訊號。這個「歐茲馬計畫」就是史上第一次正式實行的尋找外星生物計畫。之後，也有實施過許許多多探測外星生物訊息的計畫，例如在波多黎各的阿雷西博天文台用無線電向外太空發射電磁波訊號（1974年）；又或者是用先鋒號探測機（先鋒計畫）和航海家號探測機（航海家計畫），帶著刻畫著地球訊息的金板，期待外星生命有朝一日可以發現它等等，展開種種主動的行動。

　　至此以來我們人類一直都是以被動的方式，利用探測器取得外星的電磁波訊號來找外星生命，但是隨著光感測器性能上的提升，近年來也開始進行運用可見光（optical light）來實行搜尋地外文明計畫SETI，也就是「OSETI」。

　　但是可惜的是，一直到目前為止我們還是沒有找到確實有外星生命存在的證據。於是，追究「在這廣大的宇宙當中，真的是否只有我們存在？」這個問題，和「宇宙是如何誕生、又是如何進化的？」這兩個問題，便是我們研究天文學的終極目標。

阿雷西博天文台的無線電望遠鏡

NASA提供。

先鋒 10 號內，刻有人類訊息的先鋒號鍍金鋁板

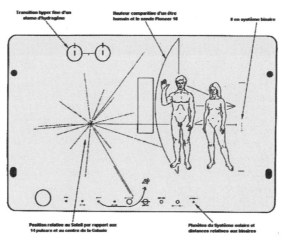

出處：http://jcboulay.free.fr/astro/sommaire/astronomie/univers/galaxie/etoile/
sys-teme_solaire/saturne/pionner_10_plaque.gif）。

航海家號探測機內，刻有人類訊息的先鋒號鍍金鋁板

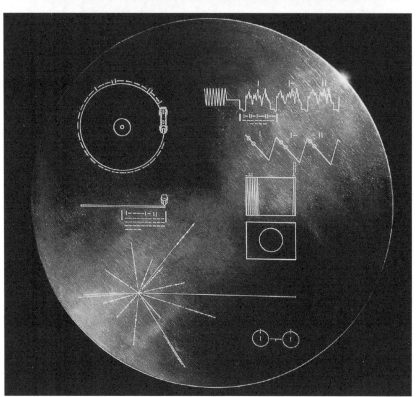

NASA提供。

第二部
宇宙最前線

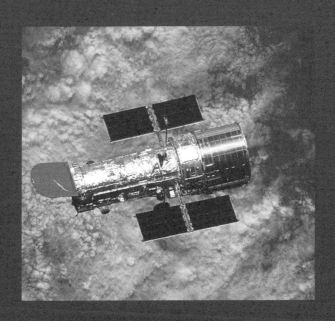

在第二部中，我們將請第一線的研究者，講述最新的太空研究成果：從太陽系的起源到尋找第二個地球、目前對於伽瑪射線暴的研究、尋找通往銀河盡頭之路、宇宙微波背景輻射與宇宙的進化等等，我們將把最新的宇宙消息傳達給您！

1. 您所不知道的太陽系

吉川 真（宇宙航空研究開發機構：JAXA）

1. 新紀元的探索時代

　　「宇宙」常給人無限想像的廣大空間，在這樣的空間之中，離我們居住的地球最近的就是太陽系了。隨著時代演變、探測機的不斷進步，對我們來說，太陽系也已經不再遙不可及，甚至可以說是一個伸手可及的宇宙地帶也不為過。但是即使是離我們很近的太陽系，從離我們最近的月球開始，到其周圍的衛星、小行星或彗星，再遠一點到太陽系的邊境地區，太陽系還是相當的廣大。隨著近年來太空觀測技術的不斷進步，以及各種宇宙探測成果的進展，我們對於太陽系的概念也改變了許多。雖然我們希望能夠透過本書將最新的太陽系資訊傳達給各位讀者，但是就算是現在這個時間點，關於宇宙的新消息持續地一件接著一件地再被發掘、改變當中。因此，如果在本書中提到的消息已經失去新意的話，還請各位見諒。

2. 太陽系的邊境之地

　　雖然我們說要告訴大家關於宇宙的最新發現，但是我們還是要先從大家都知道的「什麼是行星？」這個基本的話題開始進行論述。這是因為在2006年8月的時候，我們發現了一件在行星界中可被稱為「史上頭一遭」的重大事件！當我們提到行星，腦袋通常都會像有反射動作似的想到「水星、金星、地球、火星、木星、土星、天王星、海王星、冥王星」這九大行星，但在2006年8月的時候，已經被我們認定為九大行星之一長達75年之久的冥王星，就在此時被排除在九大行星之外了！

經由這個事件的發生才讓大多數的人第一次發現到，其實我們對於行星認定的標準根本沒有一個確切的定義。其實這也是因為，一直以來，我們都把「九大行星」視為理所當然，使得我們從來沒有認真考慮過關於如何定義行星這件事。大膽一點來說，長久以來，我們一直直接把「行星等於水星、金星、地球、火星、木星、土星、天王星、海王星、冥王星這九個天體」這個結果本身，當成是我們對行星的定義（下圖）。但是，隨著近年來太空觀測的進展，我們發現了在冥王星的附近還存在有許許多多的小天體。當然，不論是任何小天體，在它身邊發現有其他許多小天體這件事本身並不會構成問題，但是由於我們是在冥王星附近發現了一顆比冥王星本身還要大的天體，這就造成了一件相當大的問題。

　　這個比冥王星還要大的天體，就是原本被當作小行星，代號為2003UB313的天體；當我們確定它軌道的位置的同時，就將它正式命名為「鬩神星（Eris）」。目前我們推測它的直徑有

在 2006 年 8 月以前我們所認定的九大行星圖

2400km，比冥王星的2390 km還要大。（這個直徑的數值參照於2007年版理科年表）再回到我們剛剛提到的讓大家覺得很困擾的事情。發現這一顆比冥王星還要大的天體的研究人員認為，因為這顆星比冥王星還要大，因此合理來說它應該算是第10號行星。這個主張其實並沒有錯，但是除了鬩神星之外，另外我們還發現了許多和冥王星差不多大小的小天體存在的事實。因此，若我們認定了鬩神星是第10號行星，就會產生第11號行星、第12號行星等等，行星數量不斷增加的局面。

因此，在2006年8月舉辦的一場聚集全世界天文學家的國際天文聯會中，特別對冥王星的定義進行討論，最後決議的結果將冥王星排出行星的範疇。既然如此，那麼，冥王星到底是什麼呢？其實，說不定把冥王星認定為小行星是最適切的也不一定，但是若直接把冥王星從「行星」的行列降格為「小行星」的話，總會讓人有相差太多的感覺。於是我們新設置了一個行星分類──矮行星（dwarf planet），並且由冥王星作為矮行星的代表星。

不論如何，會發生像這樣引起各界騷動的原因，都是因為現在的觀測技術日益進步，使我們得以在海王星、冥王星附近，甚至是更遙遠的地方，發現為數更多的天體。而這些天體便依據先前預言太陽系外還有像這樣的天體存在的兩位天文學家的名字命名為「艾吉沃斯・古柏帶」（Edgeworth-Kuiper Belt Object），或簡稱為「古柏帶」。最近，我們對這些天體又有更容易理解的稱呼，那就是「海王星外天體」（Trans-Neptunian object）。它們的分布圖可參照右圖。

雖然這些海王星外天體大致分布在距離太陽位置30～50左右天文單位的地方，但是近年來我們也在距離太陽1000天文單位（AU）的位置發現了一些小行星的軌道。看來今後太陽系的範圍還會再持續擴大下去吧？讓我們來期待太陽系到底可以擴張到什麼程度吧！

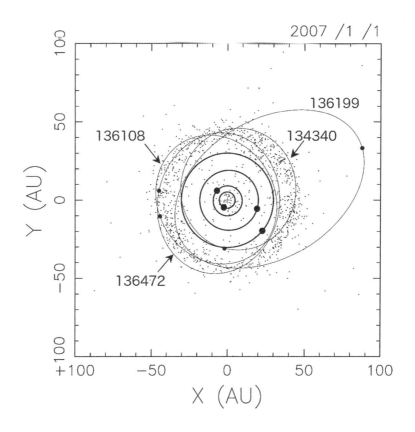

圖的中心為太陽，圖中描繪著從木星到海王星的軌道，以及兩顆矮行星與其兩個候補的軌道（用編號標誌的部分）。此外，圖中的點代表軌道半徑大於5.5AU的小行星（也包含用天文臨時編號命名的小行星）的位置。本圖是2007年1月1日，天體投影在黃道面的位置表示圖。圖中軌道的編號分別表示：134340（冥王星）、136199（2003 UB313閻神星Eris）、136108（2003 EL61）、136472（2005 FY9）。

3. 小小世界

　　2003年5月9日，日本的隼鳥號（Hayabusa）探測機升空，孤伶伶地在太陽系中行駛了2年4個月之後，終於在2005年9月12日抵達了小行星25143（又名「糸川」，Itokawa）。

　　小行星「糸川」最大的特徵，就是它的大小只有小小的535公尺左右，截至目前以來幾乎沒有探測機成功抵達像這樣超小型的小行星；但是，為了瞭解太陽系的天體，最基本的第一要件就是要實際進行行星的探測工作。目前我們的探測機幾乎已經登過了所有的行星，在登陸行星完成之後，下一步原本應該是要前往行星周圍的衛星、小行星和彗星做調查，但是由於要特地送探測機前往小小只有500公尺左右的天體實在是無法成行，因此這個部分一直都沒有太大進展。而日本的隼鳥號探測機可以說正是瞄準了這個機會被送往太空，但是在一開始他們並沒有積極的以小行星為目標行動。只是因為當時發射升空的火箭和探測機因為變更軌道的能力出了差錯，而導致能夠抵達的天體被侷限住，其中之一的天體剛好是糸川而已。但是，由於這個意外的結果恰巧為行星科學帶來了新的進展，因此，可以說是如同哥倫布發現新大陸的科學版本。此外，隼鳥號探測機成功地從糸川小行星上面採集其表面物質的樣本，也可以說是一次充滿野心的任務。

　　這架隼鳥號探測機的成功降落，說是一場生死搏鬥也不為過，不過在這裡，且讓我們先略過這個細節。（請參照《はやぶさ—不死身の探査機と宇宙研の物語》等書。）在這裡我們要強調的一點是，雖然已經有非常多成功登陸到太陽系天體的探測機，但是像隼鳥號探測機一樣離開地球和月球之外的天體，還能成功登陸小行星的，隼鳥號探測機是世界第一。2007年3月，隼鳥號探測器正式開始返回地球的旅途。

　　再讓我們回歸到小行星「糸川」的話題上。當我們終於親

眼見到小行星「糸川」的時候，不論是誰都不得不感到驚訝。因為小行星「糸川」的實際影像，和我們想像中的完全不一樣。原本我們認為糸川也會和其他小行星一樣，就像是小行星的定律似的，小行星通常都佈滿著因撞擊而留下的隕石坑；但是在小行星糸川上，完全沒有看到隕石坑的影子（下圖），取而代之的反而是大小不一、為數眾多的岩塊。這個消息在日本探測行星的領域上，是領先世界發現的成果。

　　根據圖我們可以了解，小行星糸川的外觀和我們一般認知小行星的樣子有非常大的差異。它的表面幾乎都被岩塊所包覆著，只有非常小的區域比較平坦，而這個比較平坦的部分，佈滿了星羅棋佈的一些直徑小於1公分的粗糙冰礫。由於它整體的形狀看起來像是一隻海獺，因此糸川常被人用海獺作為形容，而這一塊被認為相對位置等於海獺脖子的平坦區域，就是隼鳥號降落的位置（隼鳥號團隊原本將此處命名為「繆斯（MUSES）之海」，但是

由隼鳥號探測機所拍攝到的小行星糸川的照片

只有極少的隕石坑分佈在其表面，被凹凸不平的岩塊包覆著。連接右側部分（頭）和左側部分（身體）之間的地帶比較平坦，這就是隼鳥號降落的地點。
（宇宙航空研究開發機構／JAXA提供）

正式得到認可的名稱是「MUSES-C」，這是因為這兩個說法的英文發音相同。）。

經由隼鳥號行動的成功，我們對小行星系川才得以有更進一步的了解。系川的表面物質一般被認為是一種類似隕石、名為球粒隕石的一種密度在3.2g/cm左右的物質，但是在經過實際測量之後我們才知道，其實系川本身的密度只有1.9g/cm而已。也就是說，系川並不是全部都由隕石物質所構成，反而有可能是一個內部空洞的物體，亦或者是與之相反的一個「瓦礫集合體」的可能性也很高。能夠釐清系川的構成這件事情本身，有助於我們了解像這種小天體的形成原因，因此是一個非常重要的研究課題。下圖，描繪出了現在我們認為系川得已成型的演變過程。

小行星系川的演變圖

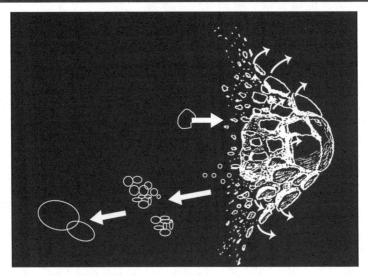

我們認為小行星系川的母體存在於小行星帶的內緣。在太空中，這個內緣最後因種種的衝突而被破壞，使得其中破碎的一部份碎片彼此因為重力關係而集結成兩個天體。而這兩部份的天體，本來已經成為圍繞在對方周圍的聯星，但是最後又合而為一，形成現在我們所看到的小行星系川。（本圖為依據藤原顯氏的圖製作而成）

小行星糸川也是不斷在接近地球的一個天體之一，根據太空不同的狀況，發生衝突也不是不無可能。雖然和地球有衝突可能性的天體不在少數，但是對於希望能夠避免這些有可能會對地球造成損害的天體的太空守護者們來說，糸川的情報也是相當重要的一環。

4. 萬眾矚目的太陽系小行星

　　其實，受到矚目的小行星不只有糸川而已。最近，對於太陽系其它小天體的各種任務也接連不斷地在進行當中。2000年，美國的會合・舒梅克號（Near Earth Asteroid Rendezvous - Shoemaker）探測機抵達「愛神星」（小行星），耗費了大約一年的時間橫渡並環繞整個愛神星，進行非常仔細的觀測行動（P.74上圖）。最後，也是和原先的預定不一樣，舒梅克號登上了愛神星的表面，使美國得到了世界第一次登陸上小行星的殊榮。愛神星的大小約為38公里，相較之下和糸川有非常明顯的差別。

　　接著，在2004年1月，美國的星塵號探測機（Stardust）通過維爾特2號彗星的身旁，採集到它釋放出的彗星塵埃顆粒樣品，並於2006年1月返回地球（P.74中圖）。根據該顆粒樣品的分析，發現了在低溫的星際雲中形成的有機物質、以及與之相反的一種在2000度以上高溫狀態中產生的礦物質。這些資料對我們在研究彗星的起源上來說是非常有趣的訊息。

　　另外，在2005年7月，美國發射了深度撞擊號（Deep Impact）彗星探測船試著衝撞坦普爾1號彗星。這艘彗星探測船分為撞擊器與旁觀飛越器兩部分，撞擊器負責直接衝撞彗星主體，而旁觀飛越器則是負責從旁進行觀測的行動。撞擊器不但將衝撞彗星前一秒的影像分秒不差地傳達到了地球，旁觀飛越器也將整個衝撞的瞬間完整地記錄下來（P.74下圖）。除此之外，也從地球

小行星愛神

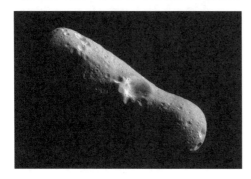

會合‧舒梅克號探測機拍攝到的小行星愛神的照片。愛神星的外型屬於細長型，直徑大約有38公里，其表面佈滿著為數眾多的隕石坑。（NASA/JPL提供）

維爾特 2 號彗星

星塵號探測機拍攝到的維爾特2號彗星，大小大約是5公里左右。（NASA/JPL提供）

衝突過後的坦普爾 1 號彗星

這張照片是衝突過後經過67秒之後的彗星以及其周圍的狀況。由此照片可以得知彗星受到衝擊後會產生大量的塵埃。（NASA提供）

上的天文台與軌道上的望遠鏡詳實記錄了整個過程。藉由這次的行動，我們可以對構成彗星的物質，甚至是其內部構造等等進行整個推算的研究。

　　承襲以上敘述的種種太空任務，2005年9月隼鳥號才接著前往外太空拍攝糸川的影像。可以說我們就在這短短的幾年之中，對於太陽系小行星的認識有了飛躍式的成長。然而，從今以後也會有許多對於太陽系小行星的檢討任務吧。不但現在日本正在對「隼鳥號」的後繼機種進行檢討，被「隼鳥號」行動刺激到的歐洲和美國的研究人員也不斷地提出了新的構想，美國也認真開始考慮是否要進行送「人」登陸小行星的行動。不如讓我們一起來期待未來的變化吧！這些小行星的分布狀態如下圖所示。

小行星分布圖

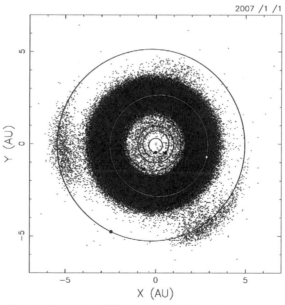

這是小行星從太陽到木星軌道附近的分布狀態表示圖。在這張圖中，描繪的是在2007年1月1日根據軌道計算出大約35萬顆小行星的位置圖。由於小行星數量眾多導致小行星帶變得一片黑暗，在其中反白的軌道上，是第一個被發現的小行星穀神星（Ceres）。

5. 令人無法忽視的「行星」

先前先講述了有關彗星、小行星和太陽系小天體的研究情形和狀況，但是行星的觀測並不是就到此結束；反而還可以說，「隨著觀測成果的不斷更新，行星的研究變得更加有趣了！」其中，有極大進展的莫過於卡西尼號探測機的土星系觀測情形，以及其他許多觀測機對於火星的觀測成果。

卡西尼·惠更斯號是美國和歐洲共同合作，於1997年發射升空的探測機，花了7年左右才在2004年到達土星。除了傳送回來許許多多土星本體以及其行星環的美麗照片（右上圖），並且也嘗試接近眾多的土星衛星，讓我們了解到還有許多不亞於小行星糸川的奇妙天體存在土星周圍。右下圖為土星眾多衛星之一：土衛七（Hyperion）的照片。和糸川完全相反，表面佈滿著隕石坑。

然而，卡西尼·惠更斯號最精彩的任務，還是非登陸機惠更斯號成功登陸在土衛六（Titan）上莫屬。惠更斯號是在2005年1月登上土衛六。雖然土衛六上有濃厚的大氣層，但是當我們觀察在它大氣層底下拍攝到的照片，還是可以很清楚地看到類似河川和湖泊的地形（右下圖）。不過因為土衛六的表面溫度推斷只有零下180度，所以理論上不可能會有液態的液體存在。即使有液體存在，也可能只是液態沼氣或是乙烷；說不定在土衛六會下液態沼氣或是乙烷的雨，再匯集成河川匯流進湖泊也不一定。雖然目前對於土衛六我們仍有許多尚待釐清的疑惑，但是可以確定的是它和地球是完全不一樣的世界。

接著是火星，在進入火星的話題之前，先將目前為止正在進行中的其它探測任務做一個總整理。首先是金星，歐洲在2006年的時候發射了一艘「金星快車號（Venus Express）」飛船，主要任務是觀測大氣狀況、拍攝大量大氣活動的照片。關於水星，被派去水星的是美國發射的「信使號（MESSENGER）」探測器，

土星美麗的行星環

這是由卡西尼號所拍攝到的土星行星環。照片顯示土星的白天部分行星環的影子會造成土星本體消失一小圈，而位於土星夜晚部分的土星影子則會蓋過行星環。（NASA/JPL提供）

土星的衛星

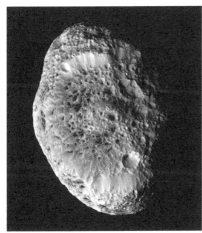

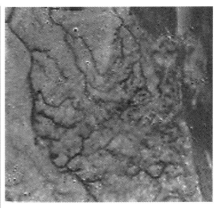

土衛七（Hyperion）。卡西尼號拍攝到的土衛七的真實面貌，佈滿了隕石坑。大小約為360公里。（NASA/JPL提供）

這是從卡西尼號分離的惠更斯（Huygens）登錄機降落在土衛六（Titan）中途中所拍攝的照片，可以看到宛如河川和湖泊的地形。

目前還在航行當中，預定2011年會到達水星。

關於金星和水星，日本也有計畫要派探測機去調查它們。在金星的方面，日本將會獨立發射一艘探測機上去，命名為「PLANET-C」任務。預定會在2010年發射升空，並且預期在發射後半年左右抵達金星開始進行觀測任務。水星方面，則會和歐洲合作，進行名為「BepiColombo」的任務。這項任務在發射時會發射一台探測機升空，抵達水星時這台探測機便會分離成歐洲的探測器和日本的探測器兩台，兩機分別繞著水星進行偵測。「BepiColombo」任務預定在2013年發射探測機，並預測它會在2019年抵達水星。

其實像這些離地球距離相較之下比較近的水星和金星，也都還是研究人員相當感興趣的研究對象。這是因為，像在1974年到1975年時，雖然光一架水手10號探測機就已經因進行星際飛越（flyby）而經過水星三次，但是仍沒有對水星進行全面性地拍攝任務；簡單來說，我們對水星仍有許多不了解的地方。另一方面，關於金星的部分，因為它的自轉週期大約是243天非常的緩慢，但是圍繞在金星周圍的大氣卻可以只花4天左右就可以繞完金星一圈；若用地球做比喻，那就是指大氣的氣流可以在短短不到30分鐘之內，就可以環繞自轉需要一天的地球。這個圍繞著金星的超高速大氣氣流，被稱做「Super Rotation：超速旋轉氣流」，這個氣流的構成對我們來說仍是一個未解之謎，在研究行星氣象上也是相當重要的環節。

除此之外，還有一個不能遺忘的「新地平線號（New Horizons）任務」，這是美國進行的一項探測計畫，其主要目的是對冥王星進行考察，並在2006年發射升空。雖然冥王星已經被剔除在行星之列之外變成矮行星，但是因為它擁有太陽系形成初期的資訊，所以還是非常受到研究人員的重視。新地平線號預計將在2015年會抵達冥王星，未來的發展將會非常值得期待。

6. 探測生命的重點天體——火星

　　另外，近年來我們派遣最多探測機的天體就是火星了。
自從1990年後半期以來，光是美國就發射了火星全球探勘者號
（Mars Global Surveyor，下圖，1996年發射）、火星探路者號
（Mars Pathfinder，1996年發射）、火星氣候探測者號（Mars
Climate Orbiter，1998年發射，不過在進入火星軌道的過程中
失去聯絡）、火星極地著陸者號（Mars Polar Lander，1999年
發射，但是後來登陸火星失敗）、2001火星奧德賽號（2001
Mars Odyssey，2001年發射）、火星特快車（Mars Express）火
星探測漫遊者號（Mars Exploration Rover，共有勇氣號Spirit、
以及機遇號Opportunity兩機，兩機都於2003年發射）、火星偵
察軌道器（Mars Reconnaissance Orbiter，2005年發射）共八架

在火星的隕石坑發生的變化

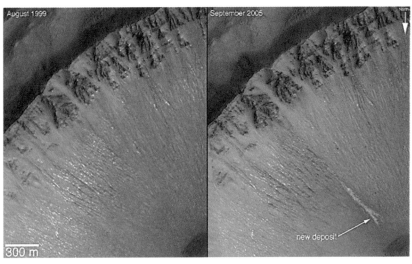

這是由火星全球探勘者號所拍攝到的火星照片。左邊照片的拍攝日期是1999年
8月，右邊的照片是2005年9月；觀察兩張照片可以發現很明顯有某種東西流過
的痕跡。（NASA/JPL/Malin Space Science Systems提供）

（其中有兩架失敗）。日本也在1998年發射了一枚火星探測器「NOZOMI」，但是最後由於故障而於2003年放棄進入火星軌道。在歐洲方面，在2003年發射了火星探測衛星火星特快車（Mars Express），雖然衛星本身成功地進入了火星軌道，但是登陸機卻登陸失敗。當然，除了這些火星探測器之外，今後仍會持續地有其他火星探測機準備前往火星進行調查任務。

我們之所以會對火星如此重視的理由，主要是因為在火星的表面可能有液體水存在的可能性極高，並且可能因此而有生命跡象。除此之外，由於我們仍無法確定是否真的有除了地球以外的生命存在，因此，如果火星上真的有生命體的存在跡象，即使該生命體是和地球的生物相同、或是不同，都將會帶給現代科學強烈的衝擊。這是因為火星上是否真有生命存在，和生命的起源與生命的意義有直接的關係。

而另一個使火星受到矚目的理由，是因為前往火星調查的任務，也有「載人」前往火星的「載人火星探測任務」。雖然從1960年代的阿波羅計畫成功地將人類送上了月球之後，月球就比較不再受到重視；但是關於月球我們還是有一項計畫，希望能再次將人類送往月球，並且在月球表面上建造一座讓人類可以長期停留的基地。這是人類繼在太空中放置太空站之後，第二度嘗試讓人類能夠停留在月球活動的項目。接著，緊接在月球的載人飛行之後，我們要挑戰的才是「載人」前往火星的「載人火星探測任務」。（但是前述所提到的飛往小行星的載人飛行任務，可能會比前往火星的任務還要早成功。）

由於我們已經送了這麼多艘探測機到火星，所以對於火星的表面我們也已經了解得相當清楚了。我們發現火星表面似乎有許多像水流過的痕跡一般的地形存在，最近我們終於也發現了好像有水流過的地形，受到各地研究人員極大的重視。P.79圖為疑似有水流過的地形的例子，該張照片是由火星全球探勘者號拍攝

到的照片，照片中顯現出火星表面在這六年之間發生的變化。如果該種地形真的是水流所造成，也就代表現在在火星地底下也有可能有水存在其中。關於火星表面，目前有兩台火星探測車（Rover）正在對火星表面進行詳細的調查（P.82圖），但是往後我們將不再只專注於表面，火星地底下的探測任務也將成為調查重點之一。

關於火星的種種探測任務中，唯一讓日本感到遺憾的是前述中有提過的日本火星探測機「NOZOMI」。「NOZOMI」雖然是日本第一台正式進行行星探測任務的機體，但自從在1998年發射升空之後，便不斷地受到各種狀況侵擾，以致於2003年12月在終於接近到火星附近的時候，無法正確抵達火星軌道，而使得任務失敗。雖然我們現在無法確定它目前正確的所在位置，但是它應該是在與火星軌道相似的某個軌道上，默默地圍繞著太陽旋轉吧。但是，這台「NOZOMI」的任務不完全只有以失敗作收。雖然這不是一件大家都知道的事情，但是這台「NOZOMI」在工學方面的成就，幾乎可以說就算被拍成電影也不奇怪；而且，我們更能將從「NOZOMI」號得到的經驗，傳承到下一台探測機「隼鳥號」上。

4 美國的火星探測任務：火星探測漫遊者任務 （Mars Exploration Rover）

成功落地在火星表面的探測車（Rover）想像圖。這兩台探測車分別被命名為勇氣號（Spirit）與機遇號（Opportunity），在火星表面上來回進行調查作業。

火星探測車「勇氣號」拍攝到的第一張火星的彩色照片：火星表面的情景。 （NASA/JPL提供）

7. 再一次，往月球出發！

　　本章的最後，將話題回到離我們地球最近的一個天體——月球。月球，身為一個 一直以來，我們人類除了地球以外唯一到訪過的天體；也是一個位置在地球周圍，人類成功地在其地表設置太空站，使人類得以自由進出宇宙的天體。或許因此，我們可以把「月球的存在比其它行星等還要重要」這件事情視為理所當然。也許就是因為如此，我們再次將注意力轉回到了月球上。

　　自從1970年代的阿波羅計畫，成功將人類送抵月球之後，月球有一段短暫的時間，不再是我們調查的重點。這是因為，當我

太空飛行器「SELENE」的航行預測圖

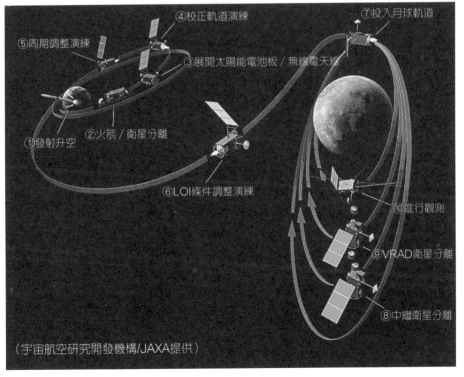

④校正軌道演練
⑤周期調整演練
⑦投入月球軌道
③展開太陽能電池板／無線電天線
②火箭／衛星分離
①發射升空
⑥LOI條件調整演練
⑩進行觀測
⑨VRAD衛星分離
⑧中繼衛星分離

（宇宙航空研究開發機構/JAXA提供）

們對月球表面有一定程度的認識以後，我們的眼光就會嚮往更遠的地方。但是最近，我們又開始了對月球的探測。舉例來說，美國分別曾經在1994年將克萊門泰號（Clementine）探測機、以及1998年將月球探勘者號（Luna Prospector）探測機送往月球軌道上，另外在歐洲方面，也曾經在2003年將他們的第一台SMART-1月球探測機送往月球，但最後在2006年9月因與月球相撞而宣告結束任務。

除此之外，可能比較鮮為人知的是，比這些探測機被送往月球還要早以前，日本就已經有將探測機送到月球的經驗，那就是日本在1990年發射升空的「HITEN」衛星。這是一個在學習如何利用重力原理將軌道控制成與月球同步，以及將衛星投往月球軌道行動的衛星。而這個衛星到最後，將會撞擊月球表面並結束它的任務。

接著，日本在2007年發射「SELENE（月亮女神）」執行月球任務。SELENE（月亮女神）是一顆由14種類型的科學觀測機器集合而成的正式月球探測衛星，目的是將月球上全區域中的元素・礦物分布狀況、地形・表層構造、重力分布情形、磁場分布情形、以及環境狀況等等，進行以前從未實施過的精密觀測，並且希望以此來探討月球的起源以及其進化的過程（P.83圖）。

關於月球的研究，不只有日本，中國和印度、美國都接連著有要將探測機送上月球的預定。中國的任務名稱命名為「嫦娥」，也是預定要在2007年將探測機發射升空。印度的任務則是月船1號，預定在2008年發射。另外，在美國方面，預定在2008年發射月亮勘查衛星「LRO（Lunar Reconnaissance Orbiter）」。可說是天文界又吹起了一股月球探測熱潮啊！這些探測機主要都是以物理學為目的進行觀測任務，並且以將來能夠進行載人的月球探測任務為目標在進行中。相信在不久的未來，也許是2010年代後半或是2020年，人類可能又有機會可以再次踏上月球表面！

8. 太陽系——人類活動的主場

　　如前所述，我們已試著將目前行星探測中有關於太陽系的最新研究狀況做了一次總整理，相信大家一定可以了解，我們人類能夠在探測太陽系當中，在有限的能力下進行行星探測，並且所到之處無不見探測機的身影，其實是一件很不容易的事情。

　　當然，說是利用探測機飛往外太空進行調查，實際上也還是有很多從地球上或者是從人造衛星來進行太陽系天體的觀測；而其成果也是不容小覷（P.86圖）。就連發現冥王星不能算是行星得這件事，也不是經由探測機的調查，而是藉由地面觀測得知。

　　我想今後，相信我們更能夠藉由派遣探測機前往外太空的實際探測，以及地上人員的間接觀測所得到的加乘效果，一步一步解開我們賴以維生的太陽系之謎。然而，相信整個太陽系都成為人類活動主場的日子，就在不遠的將來！

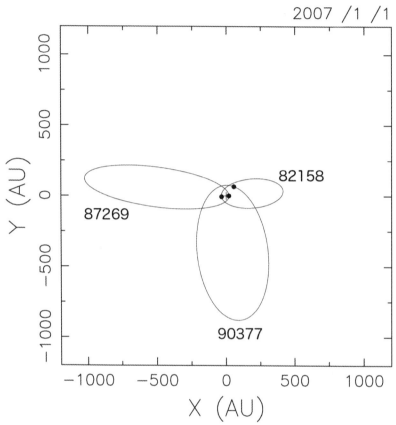

在最近的觀測中，我們發現了即便身為小行星，也擁有非常龐大的軌道的小行星存在。如圖所示，大家可以參考其中已經確定編號的三顆小行星的軌道大小。這三顆小行星中軌道最大的一顆編號90377的小行星，又被命名為賽德娜（Sedna），它的遠日點距離為1000天文單位、公轉週期約為一萬年。我們已經知道有很多的彗星，它們的軌道都可以延伸到更遠的地方，但是能夠發現像這樣的小行星、天體也能夠擁有這樣長的軌道，是我們近年來很大的突破。但是說不定，其實這些天體也是彗星呢！

2. 太陽系誕生的新理論

小久保英一郎（國立天文台）

1. 太陽系起源之謎

在太陽系之中，離太陽從近到遠的順序分別是水星、金星、地球、火星、木星、土星、天王星、海王星，這各有不同特色的八顆行星。接下來，就讓我們一起來慢慢了解這些行星的個性和起源吧。我們認為太陽系是由漂流在太空中的氣體以及宇宙塵埃（固體微粒子），經過集合變化而誕生。而這個太陽系的形成是一部大約花了數十億年的時間長度、擴大到數十天文單位的空間刻度，由氣體和塵埃演化而成行星的偉大進化故事。也就是從一個固體行星的原料塵埃到成為行星為止，從構成粒子的μ（10^{-6}）公尺到數萬公里的變化。

由歷史方面來看，從康德、拉普拉斯侯爵（Pierre-Simon marquis de Laplace）和詹姆斯‧金斯（James Hopwood Jeans）一行人，開始對太陽系的起源進行考察以來，到目前儼然已成為現代天文學之中太陽系形成的基礎架構，是在20世紀後半，由舊蘇聯聯邦的Viktor Safronov和京都大學的林研究室考察而來。他們將原本不可能藉由實際觀測得到的行星形成過程，利用理論解釋出天體現象的過程加以累積描繪而成，而在他們之後，也有許多研究人員希望能用更真實的方式建構出太陽系形成的腳本。特別是近年來，由於我們開始利用「超級電腦」來進行大規模的模擬，在電腦中還原了原始太陽系的狀況，因而得以不斷地實驗觀察行星形成的過程，並且得到了相當成功的結果。接著，就讓我們來簡單介紹一下最新的太陽系形成腳本的基本結構吧。

2. 行星的種類以及太陽系的構造

在我們開始思考太陽系的起源之前,讓我們先簡單整理一下可能會成為解開太陽系起源之鑰的現行太陽系的特徵。

太陽系由內側到外側,分別有類地型行星(岩石行星)、類木型行星(巨大氣體行星)以及類天王星型行星(巨大冰行星)三種行星(下圖、右表)。其中水星、金星、地球和火星都屬於

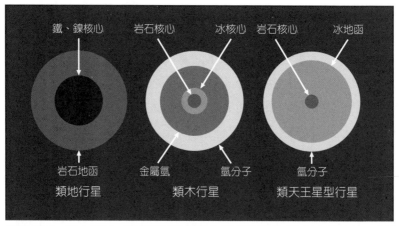

類地行星、類木行星、類天王星型行星的橫切模型圖(為了方便比較,我們將這些行星用統一的大小表達)。

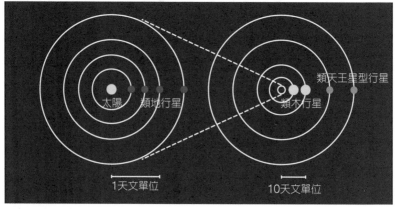

太陽系概念圖(※左圖為右圖中心部分的放大圖)。

行星種類	類地型	類木型	類天王星型
別名	岩石行星	巨大氣體行星	巨大冰行星
存在範圍（天文單位）	0.4-1.5	5-10	20-30
質量（地球質量）	0.1-1	100	10
主成分	岩石、鐵	氫、氦	水、甲烷、氨

「類地行星」，是岩石質地的行星；木星和土星則屬於「類木行星」，其質量大部分的主要成分幾乎都是氣體，而其氣體的主要成分為氫氣和氦氣。雖然天王星和海王星以前也被分在「類木行星」之中，最近則將它們另外分類在「類天王星型行星」的類別當中。這是因為類天王星型行星之中的氣體成分大約只有占其質量的10%不到，而且它的質量中的大部分都是冰（以水、甲烷、氨為主要成分的混合物），因此特別將它們另外分成一類以便區別。另外，由於冥王星在2006年的時候從行星的行列中剔除，因而被分類到眾多存在於太陽系外圍部分的「海王星外天體」之列。再者，除了海王星外天體以外，太陽系之中也還是有無數的小行星和彗星等等的小天體存在。

行星的軌道有其共同的特徵：它們的軌道通常都是呈現橢圓形，軌道離心率大概都在0.1以下；除此之外，它們的軌道面幾乎都是成對的，與太陽系的不變面（從行星的公轉運動中算出來的太陽系的基準面）的斜角大約呈6°以下。也就是說，行星的軌道幾乎都存在於同一平面，可以想像成以太陽為中心點的同心圓（P.88下圖）。然而全部的行星，都面向著同一個方向在軌道上進行公轉。

此外，行星的總質量大概只有太陽質量的一千分之一倍；而且這些行星的重量幾乎都集中在類木型行星上。另一方面，行星的角量子數的大小是太陽的自轉角動量的190倍；也就是指，太陽系的質量幾乎都集中在太陽，而迴轉的角動量都集中在行星的意思。

整合來說，太陽系中的行星系構造大概是呈現如P.88下圖的樣子。接下來，我們將用最平實的說明，來講述這個太陽系的特徵，與其形成的情形。

3. 太陽系形成的標準劇本

關於現在太陽系形成的標準劇本有兩大基本概念：

①行星系是由比中心星質量還要小的氣體和塵埃，儲積在軌道周圍形成環狀的星周盤所構成。

②宇宙塵埃集合而形成一群被稱做微行星的小天體，當這些微小行星再次聚集結合在一起而成為固態行星之後，再經由獲得氣體而形成氣態行星。

其中的①，太陽系的質量集中在太陽、角動量集中在行星這個結果，可以由行星們的軌道幾乎位於同一個平面這個事實推測得到。而身為這個太陽系母體的星周盤，又可以被稱作是原始太陽系星盤或原行星盤。另外，有關於②的部分，類地行星和類天王星型行星就不用說了，連類木行星的重元素的存在都比在太陽中的含量高。

右頁圖就是表示太陽系從最原始的太陽系星盤，演變成現在我們熟知的太陽系形成概念圖。正確來說，行星的形成為了像太陽系內側的成長一樣快速，所以外側的形成進度才會像太陽系的外側形成速度一樣緩慢。在這張圖中，為了讓大家更容易理解這個現象，我們已經先把各個領域中行星形成的情形，全部統一成

同時進行的狀態表示。為了能夠更清楚理解太陽系形成的全貌，以下我們先了解一下關於太陽系形成進度的概要。

（1）原始太陽的周圍，因氣體以及宇宙塵埃的聚集而形成原始太陽系星盤。

（2）由宇宙塵埃的結合形成了微行星。

（3）由微行星不斷地相互撞擊與合體，而形成原行星。

（4）由原行星間的撞擊與合體，形成了類地行星。原行星從原始太陽星系盤（原行星盤）中得到氣體，因而形成了類木行星及類天王星型行星。

　　接下來將對太陽系形成的初期條件之一的太陽系星盤做簡單的介紹，並且也將針對太陽系形成的各個階段進行詳細地說明。

太陽系從最原始的太陽系星盤，演變成現在的太陽系的形成概念圖

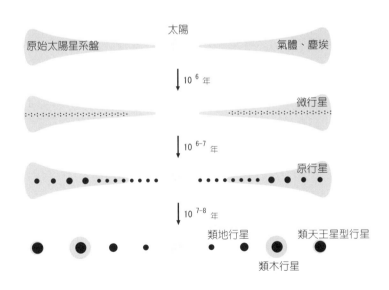

太陽系從最原始的太陽系星盤，演變成現在的太陽系的形成概念圖。（箭頭右邊的年數，代表進化時間的長度）

4. 第一階段：原始太陽星系盤

「原始太陽星系盤」就是所謂的「原行星盤」，就是在太陽形成時所產生的連帶產物「星周盤」。而恆星則是星際雲受其本身的重力影響，經由收縮而形成的。在星際雲之中，含有一種星際塵埃，這種塵埃是經由太陽的前一個世代的恆星合成形成、最後被釋放到星際間的重元素組成。因為星際雲本身在收縮的時候角動量守恆，因此便自然地會在中心星的周圍形成盤狀。

原始太陽星系盤（原行星盤）的標物準模型被稱作是「最小質量星盤模型」。在這個模型之中，現在太陽系的固體成分均勻地分布在其中，並且以與太陽間距離的倍數減少分布情形類似的塵埃作為成分，而氣體成分也和固體成分呈現相同的分布狀況，但是質量大概是塵埃的100倍（下圖）。此時，塵埃和氣體的面

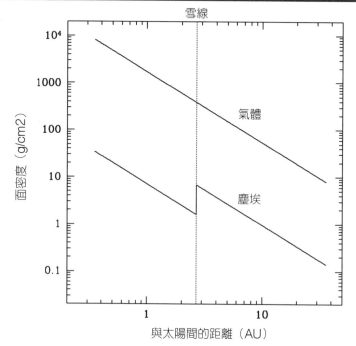

原始太陽星系盤的標準模型的面密度分布圖

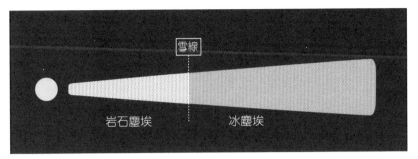

雪線

岩石塵埃　　　　　　冰塵埃

密度（相當於每單位面積的質量）就會成為與太陽間距離的-3/2倍。另外，它的氣體和塵埃的質量比100，也是星際雲中最典型的值。而這個最小質量星盤模型的星盤總質量，大概是太陽質量的1/100倍。

氣體的主要成分是氫和氦，而塵埃的主要成分是由雪線內側的岩石質塵埃，以及外側的冰質塵埃構成（上圖）。雪線指的是星盤溫度變成水的凝結溫度（此狀況，170度絕對溫度）的凝結區域，在標準模型中大約會在距離太陽3AU的位置（AU是指天文單位，1AU大約是一億五千萬公里）。

另外，由於雪線的內側和太陽的距離比較接近，因此星盤的溫度較高、冰質不存在；而雪線的外側由於有冰質的存在，所以塵埃的成分也相對增加。就像我們在後段會提到的部分一樣，決定一個行星內質的主要成分，取決於它們與太陽之間距離的遠近，進而影響其塵埃的組成，使之成為類地行星、類木行星或是類天王星型行星。

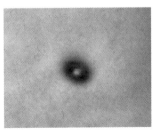

在1980年代以後，由於觀測技術的進步，因此得知在多數的年輕行星的周圍，真的有近乎等同於標準模型般的原行星盤存在（右圖）。

在獵戶座大星雲M24中發現的原行星盤。

5. 第二階段：從塵埃到微行星

　　如同先前提過的：原行星盤中的塵埃顆粒會成為形成固體行星的材料，並形成為微行星。這是因為塵埃顆粒會相互碰撞並黏合成長，它們的體積也會從小小的塵埃變成有數公里以上大小的個體（塵埃塊），稱為「微行星」。

　　從塵埃變化成微行星，目前我們認為有兩種可能：第一是藉由塵埃層不安定的重力情形，第二是藉由塵埃階段性的黏合成長形成。在這裡我們將說明的是在重力不安定的情形下，從塵埃變身成為行星的版本（下圖，藉由塵埃階段性的黏合成長形成行星的版本稍後會再做說明）。

　　塵埃本身會受到太陽重力的垂直成分吸引而聚集在原行星盤的中心面，因而形成塵埃層。隨著星盤內氣體的亂流不斷趨於緩和，塵埃也會慢慢穩定下來，提高整個塵埃層的密度。當塵埃層的密度超越臨界點以後，塵埃層裡的塵埃就會因為受到自己本身的重力吸引而慢慢變化因而變大，這個效果比經由轉動的過程和隨機運動（相當於受到壓力壓迫的情形）使得內部質量被打散而使體積變大的效果還要更強。這個結果，使得塵埃層的重力開始浮動，一旦形成密度較高的塵埃，它的體積就會不斷地增長，最後分裂成好幾個獨立的塊狀體。接著這個經過分裂的塵埃層就會收縮形成微行星。

在塵埃層重力不安定的影響之下微行星的形成變化圖

塵埃
氣體

塵埃層

微行星

在這種重力不安定的情況下，利用簡單的分析就可以估計出微行星的質量大約會變成1012～1018kg，而大小約會變成數公尺到數十公尺不等。另外，微行星在整個太陽系中的總數大約也會增加到數百億個左右。然而，為了反應出組成微行星的成分中有塵埃顆粒，在雪線內側會是岩石質，而外側則會是冰質成分（下圖）。並且，在微行星形成的時間方面，則會和星盤氣旋亂流逐漸趨於和緩的時間長度差不多（估計大約需要數十萬年之久）。

宇宙塵埃會圍繞在太陽周圍公轉。這些塵埃在太陽重力的垂直成分影響之下，氣體會一面相互牽引、一面被吸往星盤的中心面，因此會造成輪旋狀的痕跡，並且掉落到太陽上。但是，當它已經長成微行星之後，氣體的抵抗就會減弱，也就不會再有掉落至太陽的疑慮。

其實微行星到現在為止都還存在於宇宙之中，因為我們認為，存在於太陽系外圍的彗星或是太陽系外圍的天體，其實就是微行星殘骸。

微行星系概念圖

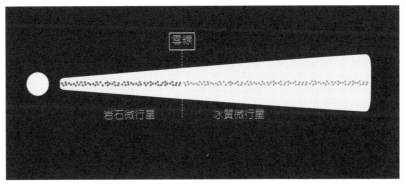

雪線

岩石微行星　　　冰質微行星

6. 第三階段：從微行星到原行星

　　從塵埃轉變成微行星之後，微行星會不斷圍繞著太陽轉動，並且經過偶爾和其它微行星碰撞、黏合的過程，慢慢成長、變大，我們稱這個過程為「行星增積效應」。這樣的行星的集聚過程，對於一個行星系的基本構造以及其形成所需耗費的時間長度來說，是相當重要的決定要件。

①微行星運動

　　決定行星增積效應進行的方式，取決於微行星的運動情形，而微行星的運動則是取決於太陽重力、微行星間的相互重力、氣體圓盤的氣旋造成的氣體拉鋸效應，以及微行星相互間的碰撞情形有關。其實，原本微行星的運動就一直受到太陽重力的影響，因此微行星大都如同刻卜勒定律所述的方式在進行運動。所以我們認為，就連剛剛形成的微行星，也是同樣地會圍繞在太陽的周圍、在幾乎和太陽同一個平面之內（也就是原始太陽系星盤的中心面），繞著近乎是圓形的軌道旋轉。

　　微行星的軌道因為會受到微行星間的重力相互影響，也就是所謂的「重力散亂」，使得微行星慢慢偏離初期平面中的圓形軌道，造成刻卜勒定律中所述，軌道離心率和軌道傾斜的角度漸漸變大。像這樣逐漸從原本的軌道中偏離的速度稱為不規則速度，並且和軌道離心率以及軌道傾斜的度數成正比。此外，在微行星之間的重力相互作用（重力牽引）當中，另外還有一個相當重要的性質，那就是被稱作「力學摩擦」的效果；也就是指當有小質量的粒子和大質量的粒子同時存在時，越大的粒子其不規則速度就會越小（在中心面的位置會越靠近圓形軌道）。

　　另一方面，抵抗的氣體和微行星們的碰撞基本上會使得不規則速度變小。在這個效應和重力散亂的效應相互影響之下，不規

則速度趨於平衡，行星便會開始聚集，因此我們才會說這個不規則速度是影響微行星之間的相對速度，以及行星的成長狀況和行星的形成時間的重要因子。

②如同失控般成長的微行星

在多數的粒子集積變大而形成微行星的成長方式中，大致可分為兩種類型（下圖）。一種是全部的粒子一起變大，稱作「規律地成長」；另一種情形，則是體積越大的粒子以越快的速度成長，並且有如失控般地不停變大的情形，稱作「失控般地成長」。這兩種行星的成長方式，是由粒子與粒子間聚合的速率（成長率）影響粒子間質量和速度聚合的方式來決定。

關於微行星系的成長模式，經過模擬機的實驗後，「發現」微行星在形成初期是屬於失控地成長類型。也就是說，在微行星系中，質量較大的微行星，通常會比周圍其它的微行星長得還要大。這是因為質量越大的微行星周圍的重力比質量小的微行星強，因而更容易吸引比質量小的微行星範圍更廣、更多的其它微行星聚集，我們稱這樣的情形為「重力牽引（重力聚集）」（P.98圖）。

微行星的規律地成長與失控般地成長

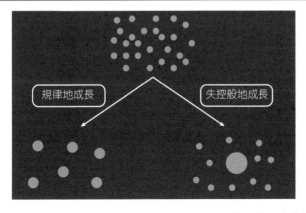

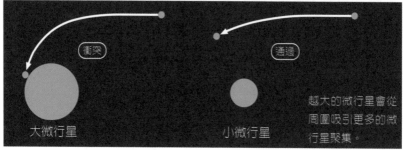

衝突　　　　　　　　　通過

越大的微行星會從
周圍吸引更多的微
行星聚集。

大微行星　　　　　　　　小微行星

③原行星的壟斷性成長

　　在失控成長下形成的微行星我們稱之為「原行星」。但是原行星如失控般地成長卻不是永無止境的，因為當原行星長大到一定的程度，周圍的微行星便會受到重力散亂的影響，而開始劇烈擺盪。當微行星開始劇烈擺盪的時候，不規則速度也會開始加快，使得微行星間的重力牽引效力變低、微行星間的增積效應也變低，導致原行星的成長受到限制。在這樣的狀態之下，原行星的成長模式會回歸規律地成長模式，所以原行星的大小其實都不會差太多，因為它們在長到差不多大小的時候就會停止繼續失控成長。

　　既然如此，那在這個時候原行星又是在怎麼樣的間隔狀態下形成的呢？原行星間的軌道間隔取決於軌道相斥的狀況。所謂的軌道相斥，指的是原行星間的重力散亂以及在微行星間的力學摩擦效應相互影響之下，所產生的複合效果。原行星間的重力散亂會擴大原行星軌道間隔，使得離心率也變大，而軌道離心率也會在重力散亂後，減低原行星周圍由微行星引發的力學摩擦效應。綜合以上現象，才使得原行星間幾乎都可以保留一圈近乎圓形的軌道，再向外擴展軌道間隔的範圍。像這樣因軌道相斥而造成的原行星軌道間隔，大約是Hill半徑（洛希半徑）的10倍。這個

「Hill半徑」是指在軌道運動中原行星重力圈大小的預測半徑值，大概是原行星質量的1/3倍，和太陽的距離等比例。

　　原行星間的成長模式是受到規律的成長模式和原行星間軌道相斥效果的影響，使得相鄰的兩個原行星會在既定的間隔之內長成相同大小的原行星。又因為它們的Hill半徑大約是其質量的1/3倍，因此這個Hill半徑也會隨著原行星的成長變大。也就是說，原行星之間會在相互之間擴大自己的軌道間隔，偶爾也會因為碰撞合體而相互牽引，進而成長。這樣的成長模式我們稱之為原行星的「壟斷性成長」。會說原行星是「壟斷性成長」的原因，是因為它們不只受一個原行星支配，而是受到複數以上的原行星共同支配成長。關於這個原行星的壟斷性成長也是經由模擬器實驗所「發現」的結果。

　　當我們知道軌道的間隔以後，就可以利用原行星盤中塵埃成分的面密度，估計出最後形成的原行星質量大小。假設原行星是由存在於軌道間隔幅度中的環狀區域內的塵埃，經由不斷的成長而形成微行星後，才變成原行星。若用原行星盤的標準模型來看，當軌道間隔是Hill半徑的10倍時，原行星的質量大概會是距離太陽約3/4倍，要長到這樣的狀態大概需要太陽距離的3倍時間之久（P.100圖）。也就是說，要形成越大的原行星，就需要花上如同其外側大小般的時間長度才行。然而，當軌道間隔和Hill半徑比例相同的時候，就代表著像原行星的質量越大、離太陽的距離越遠一樣，軌道間隔也就會越大。在原行星之間，軌道間隔這樣的傾向也適用於現在太陽系之中的行星間間隔的情形。

　　另外，原行星的組成也會反映出身為原行星組成材料的微行星組成情形；（雪線內側是岩石質、外側則是冰質，P.101圖）。原行星的質量，比如說用地球軌道來算是10^{24}kg，用木星軌道來算的話是3×10^{25}kg，用天王星軌道的話是8×10^{25}kg，而它的成長時間分別會是70萬年、4千萬年和2億年。

與太陽之間的距離（AU）以及在壟斷成長的模式下形成的原行星質量表（地球質量）

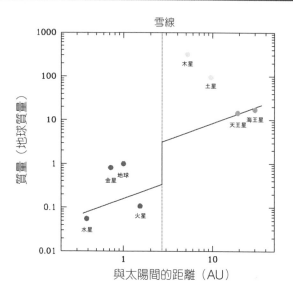

● 代表現在太陽系中行星的質量

與太陽之間的距離（AU）以及在壟斷成長的模式下形成原行星的時間

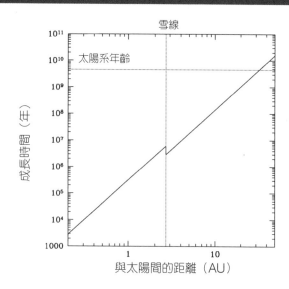

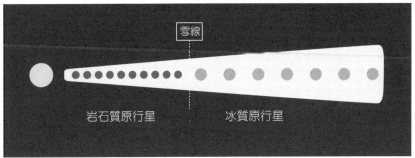

雪線

岩石質原行星　　　　冰質原行星

7. 第四階段：從原行星到行星

形成太陽系的最後一個階段，就是從原行星變成行星的過程。首先，我們要先思考，行星是在哪裡、並且形成什麼種類的行星？接著思考，行星如何才算完全成形呢？這個部分，我們將分別依照類地行星、類木行星及類天王星型行星依序進行解說。

①行星的居住地調查

為了瞭解各個行星棲息地的差別，我們先從類木型行星的形成開始看起。類木型行星是原行星因受到重力壓迫，而從原行星盤獲得氣體而形成（下圖），為此它必須擁有以下兩項條件：

（1）氣體降落在原行星的時間要比吸積盤的壽命短

（2）原行星的成長時間要比吸積盤的壽命短

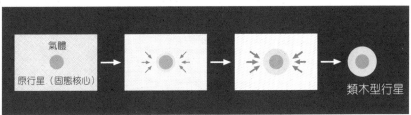

氣體

原行星（固態核心）

類木型行星

不論是哪一個條件的時間規模都需要依靠原行星的質量來決定：質量越大，氣體降落的時間越短；相對的，質量越大也代表著它必須花費更久的時間成長。若是在壟斷性成長的情況下，原行星的質量以及其成長時間就會由原行星與太陽之間的距離來決定。就像我們在前一節提到的，在原行星盤最標準的情況下，原行星的質量以及其形成時間都會隨著和太陽之間的距離而增加。因此，根據條件（1）可以決定可能形成類木型行星的原行星與太陽之間最小的距離，而根據條件（2）則可以決定離太陽最遠的距離。也就是說，當有原行星的位置剛好符合條件（1）和條件（2）的時候，才會產生類木型行星（下圖）。所以，才會分別在其內側形成比類木型行星還小的類地型行星，以及在外側形成比類木型行星花更多時間成長的類天王星型行星。

　　在原行星盤的標準模式下，原行星的軌道間隔為10Hill半徑，吸積盤的壽命最久約為1億年，而在我們預估最新的氣體降落時間（大約是質量的-5/2倍）時，雪線內側會是類地型行星，雪線距離10AU的區域是類木型行星，而在大約10AU以外的外圍部分則有類天王星型行星分布。這幾乎顯現出太陽系中行星棲息地的差別。如同上述，在考慮過雪線、原行星的壟斷性成長和形成類木型行星的條件關係之後，我們可以理解，在太陽系中由內到外側分別是類地型、類木型和類天王星型行星這樣排列的原因。

行星的位置概念圖

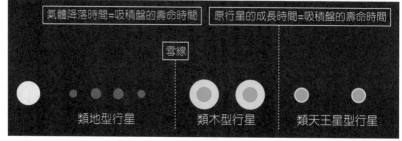

氣體降落時間＝吸積盤的壽命時間　　原行星的成長時間＝吸積盤的壽命時間

雪線

類地型行星　　　　類木型行星　　　　類天王星型行星

②類地型行星

透過P.100上圖我們可以理解，在金星和地球附近區域形成的原行星，差不多都和火星一樣大小。這是因為從原行星進化到金星或是地球的狀態，需要一段時間原行星間的黏合累積，這也就是意味著原行星之間相互的碰撞是必要的條件之一。也就是說，在形成類地型行星的最後一個階段，都是剩下的微行星不停地在黏合，而原行星間則是不停地在進行著大型的碰撞秀（我們認為水星和火星就是在這樣的大小時，從巨大衝突階段中生存下來的原行星）。在壟斷性成長的情形下形成的原行星系，我們知道它長期以來一直都是處於一個不安定的狀態。這是因為原行星間的重力牽引作用，又或是從類木型行星產生的重力關係，才使得原行星系間的不安定，因而產生原行星間的衝突。

經過了好幾千萬年、好幾億年，在類地型行星的區域中，從原本的十幾顆原行星形成了數顆行星。其中經由巨大衝突而剛形成的行星，現在也已經擁有比之前大上10倍的軌道離心率和軌道傾斜度的行星了。我們認為這些行星的大軌道離心率和大軌道傾斜度，會因為受到剩下的吸積盤或是微行星間的氣體作用力和力學摩擦而慢慢縮小。就是在這樣的情況之下，類地型行星才會在幾乎和原行星同一平面的地方形成一個有圓形軌道的類地型行星。另外，在原行星間的巨大衝突中造成的角動量，也會決定地球自轉的初期狀態。

③類木型行星

在類木型行星的區域中形成的巨大原行星，因為是存在於雪線外側，所以會因為冰質的存在而使得塵埃的成分增加；並且因為它離開了太陽周圍，而使得重力圈、也就是Hill半徑變大，它的重力也比原行星還要能吸引更多的微行星靠近。此時原行星的核

心會變成類木型行星的固態核心。為了在比吸積盤壽命還要短的時間之內讓氣體降落，原行星的質量必須要比地球的質量大上幾倍甚至10倍以上。從P.100上圖我們可以得知，在類木型行星的區域中原行星的質量都有符合上述的條件。

既然如此，那會有多少的氣體會降落在固態核心上呢？這由行星（固態核心＋氣體）重力圈（Hill半徑）的大小來決定。存在比Hill半徑還要近的地方的氣體，會因為行星的重力而掉落至該行星之上。如果這樣想的話，我們就可以想像這些掉落在行星上的氣體的總質量，大約會等同於原行星盤中的半徑切斷Hill半徑的圓斷層面之後，一個甜甜圈狀的區域中氣體的質量。若利用原行星盤的標準模型來預估在此時木星的位置處氣體的質量有多少的話，行星的質量大約會是太陽質量的1/1000倍，並且和實際值幾乎一致。但是此時若是用土星來看，會比現在的氣體量還要少好幾倍。

木星和土星會有這樣的差別，可以用原行星盤的氣體消失這件事來解釋。根據我們對原行星的觀測可以推算出吸積盤的壽命大約是好幾千萬年，而在標準模型的狀況下原行星的成長時間是離太陽越遠它的形成時間也就越長。因為在木星的固態核心形成時還有足夠的吸積盤，因此會有如上述一般多的氣體量降落在木星上，進而成長、擴大。但是，相對於木星，因為在土星的固態核心形成之後，它的吸積盤就已經消失了，因此吸積盤的密度變小，導致可以降落在木星上的氣體量也變少了。

因此我們認為，當類木型行星的軌道間隔大概變成Hill半徑10倍左右的時候，木星同時因取得氣體而產生軌道相斥的情形下，就會形成這樣的狀況。另外，木星的自轉是由氣體降落造成的角動量所決定。

④類天王星型行星

若只參考P.100上圖的質量狀況，在類天王星型行星的區域之中是有可能獲得氣體的。但是，因為在類天王星型行星的區域中原行星形成的同時吸積盤幾乎都已經消失殆盡，因此無法從吸積盤獲得氣體。也就是說，類天王星型行星就是無法成為類木行星的原行星。實際上，從壟斷性成長來估計類天王星型行星的區域中原行星的質量和其軌道間隔（大約是Hill半徑的10倍），大概也相等於現在的類天王星型行星的值。

在考慮類天王星型行星形成時唯一的問題，就是在使用標準原行星盤時，海王星的成長時間會等於太陽系的年齡、甚至是比太陽系的年齡還長。

為了解決這個問題，最近有另外一個新的說法來解釋類天王星型行星的形成。那就是類天王星型行星在比海王星還要內側的位置形成，藉由類木型行星的重力等等才移動到現在的位置。事實上，現在的太陽系外圍天體（海王星外天體）的軌道分布情形，就是海王星從內側移動過來造成其它天體隨之引起變化過後的情形。

8. 泛銀河系行星系形成論

至此之前的解說，我們說明了從塵埃變化成微行星、原行星、然後成長成行星的整個流程，不曉得您是否都瞭解了呢？我們認為，行星是原行星盤在進化的過程中必定會生成的產物，然而行星系的基本構造，是由原行星盤的質量、質量分布、溫度構造和吸積盤的壽命來決定。

到目前為止，我們提出的太陽系形成論獲得了很大的成果。實際上，就像我們之前所講述的，雖然還不算完全完成，但目前我們已經能夠合理地從物理學的角度，將太陽系的形成做了大概

的描繪。但是還是有許多不完善的地方，在此，我們來介紹幾個問題點。

　　事實上，我們並不完全了解身為太陽系形成論基礎的微行星是如何形成的。因為重力不安定才形成的說法，是在我們假設原行星盤是一個弱亂流、平靜沉穩的情形下的假說。如果星系盤中有強烈亂流情形的話，說不定塵埃層就無法因為重力不安定而到達密度臨界點而變薄，若真是如此，塵埃也就只能靠著彼此間一對一附著成長，一點一點長成微行星這個方法。但是，即使體積從μm成長到km其間也有九位數的差別，所以微行星能不能在塵埃掉落到太陽上之前形成，目前我們也無法確認。

　　另外，關於「原行星盤的吸積盤到底是如何消失的」這件事，其實我們也還不了解。雖然我們有假設過可能是被原始太陽的強烈紫外線或太陽風（高速荷電粒子流）吹散，但是事實上我們也不能確定吸積盤是否真的能吹得動。截至目前，關於類木型行星的形成我們也只能猜測，至少它內側的星盤氣體是受到行星的重力影響才掉落到太陽上。關於這些星盤的問題，說不定到下個世紀能夠使用超大型地上望遠鏡或是太空望遠鏡，藉由直接觀測行星形成的現場狀況以獲得進展（右圖）。

　　接著是一個相當重要的問題，那就是太陽系內的行星會移動這件事。這次我們介紹的假說，是微行星就地在它開始集聚的地點形成行星，並從此在該處塵埃落定。但是，直到最近，我們發現原行星和行星也有可能會因為受到彼此和吸積盤間的相互作用，而在太陽系內大幅移動位置的可能性。如果原行星或是行星會大幅移動位置的話，就有必要重新改寫一次太陽系形成的劇本了。除此之外，還有其它關於小行星和彗星等小天體的起源等等的問題等著我們去釐清。

　　現在的研究現場，不但要一步步解開上述的這些謎題，同時也將研究對象往太陽系以外的行星系擴大。其實，外太空裡不

只有太陽系一個行星系，在2007年春天，我們在太陽附近發現了200個以上的太陽型星體的行星系（稱作太陽系外行星系），而且這些行星系幾乎和太陽系完全不同。被發現的這些太陽系外行星的大部分質量都超過木星，而且它們有的軌道半徑比水星小、有的軌道離心率又只和彗星差不多一般大，和太陽系的情況天差地遠！既然如此，那這些太陽系外的行星系又是如何形成的呢？到底它們和太陽系有什麼樣的差別？我想將來除了先前提過的那些有關太陽系內各種天體的疑惑要解決，也必須更進一步來理解這些和太陽系完全不相同的太陽系外行星系的起源，並且結合一般我們熟知的關於太陽系起源的行星系形成論，構築一份嶄新的「泛銀河系行星系形成論」。並且我們期待在建構這個嶄新的「泛銀河系行星系形成論」的過程當中，可以得到關於太陽系在銀河系之中是特別或是普遍的存在，這樣一個天文學最基本的解答。我們相信，能夠用科學的方式解答「是否有第二個『地球』存在？」之類充滿幻想問題的時代，已經來臨了！

ALMA（阿塔卡瑪大型毫米波天線陣）

由日本、北美、歐洲和智利聯手在智利的安地斯山正在建設中的電波天線陣，我們期待將來能夠利用它來觀測行星形成的實況。

3. 尋找第二個地球

田村元秀（國立天文台）

1. 行星狩獵

　　對人類來說，行星是離我們最近的天體。就如同古代有關於一星期名稱的由來，在最近的2006年8月也有關於冥王星不符合行星定義的議論造成社會大眾廣大的討論，是我們從未預料到的狀況（下圖）。但是，不曉得您知不知道，在太陽系之中雖然只有這8個行星，但是我們在太陽系之外，已經發現了比這8個行星還要多上25倍以上的行星存在外太空中。這些太陽系外的行星，或是被稱作「系外行星」的行星，大部分都和行星的存在有關，並且陸續在這十年間我們發現它們對行星造成的間接性影響（間接性的查出系外行星存在），天文學者認為，下一個階段任務就是要找到質量比較輕、比較類似地球的行星，收集類似太陽系行星

太陽系外行星

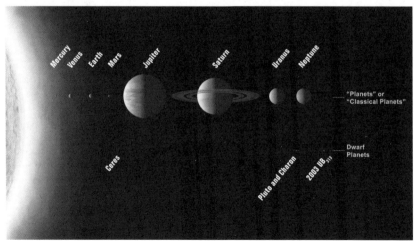

出處：http://iau.org　IAU

的照片（直接性的查出系外行星存在），並且查出該星球上是否有生命體存在，是否有第二個地球的存在。本節將介紹一些我們在Planet Hunting（尋找系外行星）時發生的狀況、系外行星經過分析過後令人驚訝的性質，以及我們對於將來的計劃。

2. 發現系外行星的前一夜

　　人類嘗試尋找系外行星的行動，已經不是第一次了。在20世紀中葉的時候美國的Peter van de Kamp等人就靠著非常吃力的觀測法，在離太陽第二近的恆星「巴納德星」發現了兩顆和木星同等級的行星；而這個系外行星的發現，在當時還登上了教科書成為教材。

　　但是經過數十年的觀測，最後這個觀測結果還是被別的觀測團隊推翻了。以現在的狀況回頭來思考，在技術上他們的觀測方法對於想要找到一個行星來說是非常不精確的方式。直到觀測手法逐漸多樣化的20世紀後半，尋找系外行星的時機才終於成熟，因此到確實發現第一顆系外行星之前，我們在觀測系外行星之路上其實走過了一段非常崎嶇的道路。其中第一個重大的消息，就是1992年我們在脈衝星PSR1257+12周圍，發現了繞著它轉的兩顆和地球質量差不多的天體。但是像那樣的天體是如何在超新星爆發後遺留下的脈衝星周圍形成，我們還是無法得知。另外，因為我們幾乎沒有找到其它和脈衝星同樣的天體存在，因此我們在脈衝星周圍發現的這兩顆天體無法被認知為普通的系外行星。自從進入1980年代以後，為了找到更多的行星，觀測技術也不斷地有明顯的進步，但是在加拿大有一個團隊使用最新的觀測手法以及在夏威夷的一座口徑4m的望遠鏡，耗費了12年還是沒有找到任何的系外行星，使得在尋找系外行星上飄散著一股「找不到」的負面氣氛。

而一舉將這一陣低迷的氣氛掃除的，是1995年瑞士團隊的發現。他們在類似太陽的恆星飛馬座51號星（51 Pegasi）的周圍發現了一個質量是木星一半、且公轉週期只有短短4天的驚人天體！由於木星是以12年為週期圍繞在太陽身旁公轉，因此為了這個過大的差距，當時也有意見認為這顆天體應該不能納入行星之一。但是經過同樣以找尋太陽系外行星為目標的美國團隊追蹤觀測之後，也馬上確認它是行星，因此它就成為了人類發現的第一顆太陽系外行星。至此以後，我們發現太陽系外行星的數目也越來越多，直到2006年11月的現在，發現的太陽系外行星數量已經超過了200顆。

這個通往發現太陽系外行星第一名的道路，帶給我們一個很好的教訓，那就是對於科學上的新發現來說，只依靠固有概念憑空構想是很危險的事情。錯失得到第一名發現太陽系外行星寶座的加拿大和美國團隊，可能就是先假設有一個像太陽系一樣的星系存在（至少當初是），並以找到類似木星的行星為目標開始進行觀測以及分析所得資訊才會錯失良機。也就是說，他們沒有將公轉週期只有短短幾天的行星列入考量，因此才沒有找到它。相反的，瑞士團隊是由專門研究週期各不相同的雙星的研究人員所組成，因此不會對行星持有偏見，才得以率先找到了第一顆太陽系外行星。當然，對於想要找到行星的我們，先在測定速度的儀器中設定太陽系行星的數值的確比較有利於精準度的提升，因此，一旦我們得到這樣的技術，相信擬訂觀測的草案時一定能夠更不受拘束。

3. 行星探測法

目前我們對行星的探測方式以間接法為主流，以下將介紹現今尋找行星成功率最高的三個方法。

①都卜勒偵測法

隨著行星公轉，恆星本身也會跟著輕微晃動，伴隨著這樣的搖晃運動，恆星的徑向速度也會隨之變動，這就是利用都卜勒效應來測量恆星徑向速度的「都卜勒偵測法」（下圖）。我們就是利用此「都卜勒偵測法」找到九成以上的太陽系外行星！此一用來尋找行星的手法是在1980年代開發完成，一直到1995年瑞士的Michael Mayor和Didler Queloz才利用這個方法在飛馬座第51號星旁，找到環繞著恆星的第一顆太陽系外行星。

因為隨著太陽系內木星和地球的公轉，太陽本身的變動速度大概會各是13m以及0.1m，所以為了要找到巨大恆星，偵測法的每秒數m的精準度也必須要很準確。根據都卜勒偵測法可以得到行星質量、軌道長半徑和離心率，只是，因為速度會隨著軌道的

都卜勒偵測法

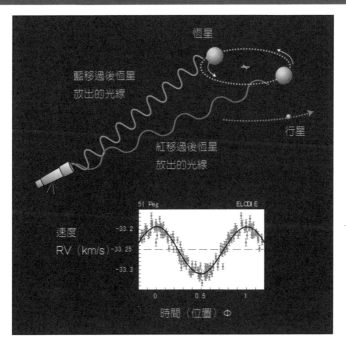

傾斜度而使得測量結果改變，因此我們用這個方法可以測量到的質量會是最低限值。最近，我們已經可以找到只有地球10倍大小的行星，決定速度的最高準確度已經可以達到每秒20cm了。今後說不定能夠再繼續提高決定速度的準確度，輕鬆找到和地球差不多質量的行星。

②凌日（transit）觀測法

　　我們從地球觀測太陽系時，偶爾會發現到，當水星和金星正要通過太陽前面時（水星凌日、金星凌日），會產生一種很像有小黑點經過太陽的現象。「凌日觀測法」就是可以檢測出行星在經過恆星前方時亮度微小變化的方法（右圖）。

　　當木星和地球經過太陽時，太陽的光度變化大約各只有1%和0.01%。2000年美國團隊配合都卜勒偵測法偵測到速率變動，第一次檢測出恆星HD209458的亮度變化，才終於以這兩個各自獨立的偵測法間接地證實了行星的存在，使得這個太陽系外行星的存在不再受到懷疑。目前，經由凌日觀測法已經證實了14例太陽系外行星的存在。由於在使用凌日觀測法時，觀測者在觀測行星軌道面的視線必須一致，因此一次必須同時觀測其它很多的星，但因為有些小型望遠鏡也備有CCD（電荷耦合元件）可能會同時找到行星，因此對於觀測星體的業餘愛好者來說，這是最適合用來找尋行星的方法。不過由於從地面觀測太空會受到大氣飄動的影響，要檢測比較細微的亮度變化相對困難，因此能夠找到跟木星相同的巨大行星已經是極限了。另一方面，在不會有大氣干擾的太空中進行凌日觀測的話，不只木星，還有可能檢測出像地球一樣大小的小行星亮度變化。美國預定在2009年發射的刻卜勒衛星，就被認為可以檢測出數百個類地型行星，但是也有人認為，只用行星的亮度變化來判斷這個天體是不是一個行星並不是件容易的事情。

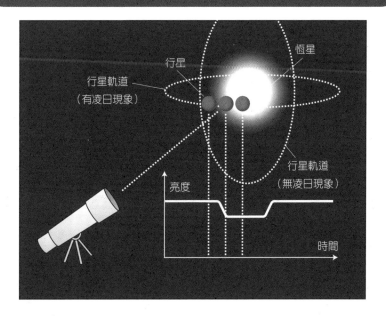

③重力透鏡觀測法

　　光會隨著天體之類的質量所造成的重力場而像透鏡聚光似地彎曲，這個現象被稱作「重力透鏡效應」。

　　例如，因為星系團的關係而使得背景的銀河在我們觀測時產生多個顯像的現象。當天體質量很小、扭曲的量很小的時候，現在的技術還無法清楚辨別這些顯像，因此也被稱為微重力透鏡效應。根據微重力透鏡效應的效果，我們可以清楚觀察到由背景星發射出來的光對其面前的天體所造成的影響。在此狀況下，如果眼前的天體（透鏡天體）前有行星的話，會更明顯地造成隨著時間的亮度變化。能夠發現這樣的重力透鏡效果的方法就稱為「重力透鏡觀測法」（P.114圖）。截至目前為止已經有4例關於此方法的實作報告，但由於重力微透鏡效應的現象只有一次，因此有難以驗證的問題存在。不過根據原理，利用重力透鏡觀測法即使是從地面，也是有可能找到類地型行星。

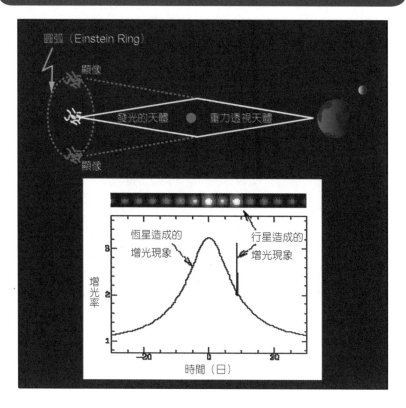

4. 太陽系外行星的性質

目前為止已經被我們發現的200多個太陽系外行星，都和我們所生存的太陽系有很大的不同。接著讓我們來看看這些太陽系外行星多樣化的性質吧。

根據探測數千個恆星的結果，我們知道在類太陽恆星的周圍發現行星的頻率大約是10%左右。因為將來觀測的準確率很有可能更精確，所以在目前仍未發現的恆星周圍找到行星的可能性很高，因此這個10%的頻率只能算是底限。也就是說，在恆星周圍發現行星的存在這件事情，其實並不是很稀奇的現象。

關於行星的重量方面，早期我們發現的行星大多都是質量和

木星差不多的大型行星，隨著觀測準確度的提升，目前我們可以發現的最小行星是地球質量6倍左右的行星。但是，到目前為止還是沒有找到真的可以稱作是類地型的輕型天體。

雖然目前對行星質量的最大值還沒有明確的定義，不過當天體的質量到達木星質量約13倍左右，在該行星的中心就會引起氘（Deuterium，又稱重氫）的核融合反應（這種天體被稱為「棕矮星」）。因此我們通常以有沒有達到木星質量13倍來區別這種天體，未達木星質量13倍、圍繞在恆星周圍的天體稱為「行星」，質量超過木星質量13到80倍的天體稱做「棕矮星」，超過80倍以上的為「恆星」。

行星的質量分布狀況，大約可以說是以行星質量的反比例數值逐漸遞減（下圖）。運用都卜勒偵測法發現的伴星型棕矮星數量較少，又被稱做「棕矮星的沙漠」。大部分的棕矮星都有直接被拍攝下來，目前我們發現的第一顆比較高溫的L型棕矮星和低溫棕矮星分別是GD165b和G1229b。

行星的質量分布

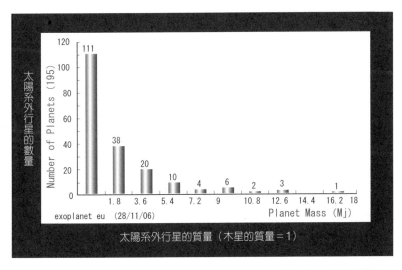

太陽系外行星的質量（木星的質量＝1）

系外行星通常都會圍繞著主星公轉，而它們公轉的軌道和太陽系的行星也大不相同（下圖）。系外行星的軌道大都是1.02～6天文單位，週期大約分布在1天～15年之間，週期較長的行星會受到觀測持續時間的影響而有極限。軌道在0.1天文單位以內的巨大行星我們稱之為「熱木星」，它們的軌道週期大多是在3天左右。因為這些熱木星距離主星比較近，所以它們的表面溫度都會超過攝氏幾千度以上，這種類型的行星又占系外行星總數的20％。

　　太陽系行星繞著太陽公轉的軌道都很接近圓形，但是系外行星軌道的離心率卻相對多樣化，它們的離心率分布在從0（正圓）到0.9（橢圓形）之間不等，但是在會受到中心星或是潮汐影響的近心點距離之間幾乎沒有行星存在。熱木星的軌道都是接近圓形的，可能是受到中心星和潮汐作用使得軌道圓形化。越過0.1天文單位之外的系外行星，大部分都是離心率比較大的系外行星。太陽系的行星呈現非圓形軌道的現象與系外行星有著非常不同的差

行星的質量分布圖

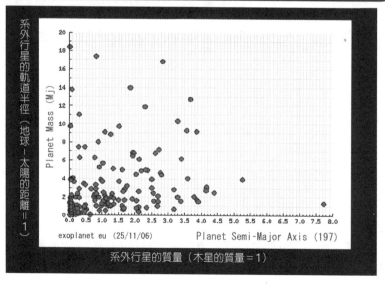

系外行星的質量（木星的質量＝1）

別，成為用普通的行星形成理論無法完全解釋的部分。

另外，關於一個恆星旁有複數以上的行星存在的多重行星系，目前已經有18例相關的報告出爐；其中大多數都是有兩顆行星的恆星，但也有像仙女座U星　樣有4顆行星的恆星存在。

5. 系外行星與其位於中心的恆星的關係

在此之前我們提到的關於探測系外行星的部分，主要是以類似太陽的主序帶上的恆星為目標（光譜型FGK的星）。不過，對於質量比太陽少一半以上的M型恆星，目前也有數百個行星正在進行調查，但是類似木星等級的行星到目前為止也只有找到2顆，這明顯地證明了這種恆星遠比類似太陽的恆星還難發現（巨大）行星。造成這樣的結果和在行星誕生場所的原行星盤的重量相關，誕生行星的重量取決於原行星盤的重量，也就是說，重量較輕的恆星周圍的輕星盤，容易產出相對較輕量的行星。

另一方面，由於比太陽還要重的主序星光譜的吸收線數較少，並且因高速的自轉使得線幅也會擴大，所以無法使用都卜勒偵測法尋找行星。相同地，在年輕的恆星周圍進行都卜勒偵測法，也會因為年輕恆星的表面活動激烈而難以執行。而像主序星這種年老的巨大恆星周圍就有好幾個行星存在。

中心星的金屬量和找到行星的機率相關，金屬量越高的恆星發現行星的準確率也就越高。與此相關的說法還有：在金屬量越高的環境之下固體材料也就會越多，因而比較容易形成行星；這是支持由核心增積使得行星系形成的證據之一。

以上大多集中於論述類似太陽這種孤星的恆星周圍的行星。但事實上我們在聯星系中也有發現大約20例以上的行星，它們全部都是圍繞著聯星的其中一顆恆星旋轉，但是在觀測有限制的情況下，目前我們只能觀測到在聯星間距離超過一定程度的行星。

由於目前所發現的系外行星幾乎都是根據都卜勒偵測法找到的，所以它們離太陽的距離都不是很遠，幾乎都是100光年內恆星周圍的行星，這是因為都卜勒偵測法只能偵測到相對亮度較高的恆星。今後，說不定能因為使用大口徑的望遠鏡進行都卜勒偵測法，而能找到位於更遙遠地區恆星周圍的行星。但是，我們希望大家也能注意到，重力透鏡觀測法可以捕捉到在距離地球很遠（約數千光年）的「重力星」旁公轉的行星這件事。

6. 行星的半徑與大氣

同時運用凌日觀測法和都卜勒偵測法確認過的行星一共有九顆，我們預測了這九顆行星的半徑和密度，例如HD209458b，比起理論的預測結果，半徑較大、密度較低（1.3木星半徑，0.4 g/cm^3）；相反的HD149026b的半徑就比較小、密度較高（0.7木星半徑，1.2 g/cm^3）。由於前者的溫度較高，所以行星處於膨脹的狀態，而後者會膨脹的原因則可能是因為它有一個高密度核心的緣故，這也是支持由核心增積而使得行星系形成的證據之一。

在凌日的行星系中，我們可以利用行星的大氣吸收恆星一部分的亮光來驗出行星的大氣成分。

在HD209458b就檢測出鈉和氫氣等成分。這些氫氣會從行星半徑開始往外擴散，看起來就像是大氣會從高溫的行星表面中逃出來一樣（右圖）。

另外，關於HD209458b和TrES-1b這兩顆行星，當行星被恆星遮蔽住的時候，從行星系全體射出的紫外線強度會跟著下降，我們成功地利用這個時間將行星發散出的熱放射成分分離出來（P.120圖）。這算是我們第一次從行星身上取得光子的一種直接觀測法，而不是直接用攝影技術得到的成果。

大氣從 HD209458b 行星表面蒸發的畫面

出處：ESA, Alfred Vidal-Madjar (Institut d'Astrophysique de Paris, CNRS, France) and NASA）

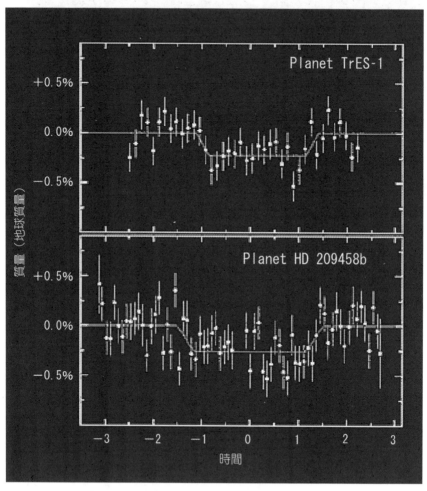

7. 以直接攝影到行星照片為目標

　　至此以來我們在對太空的研究中得到了許多成功的經驗，當然，對於未來我們也希望能夠繼續利用間接觀測法獲得更多的成果。特別在利用都卜勒偵測法和重力透鏡觀測法來尋找仕質量較輕恆星周圍的類地行星，以及在亞洲地區或是在世界各處利用小口徑望遠鏡之間的網絡連繫進行的都卜勒偵測法、凌日觀測法和重力透鏡觀測法，以一千個為目標進行的尋找行星計畫。不只有可見光的觀測，在8m等級望遠鏡中使用的波長1～5μ紅外線進行的都卜勒偵測法也在計畫當中。

　　但是，間接的觀測法還無法直接從行星身上取得光的樣本，所以還是會留下一些不確定性。在尋找系外行星的過程中，下一個重要的階段就是直接觀測法。但是行星的亮度較低、又是小天體，而且常常在它們身旁就有很亮的恆星，因此直接對它們攝影成了一件非常困難的事情。為了要達到可以直接攝影的目標，以下幾點條件必須同時成立才有辦法成功。

　　（1）為了拍攝亮度低的行星所必需的高感度攝影器材。

　　（2）為了分辨離開地球的主星和行星所需的高解析度。

　　（3）可以降低在行星附近的恆星放射出強光造成影響的高對比技術。

　　其中最大的困難點是高對比技術。行星放射出的光，它的可見光和近紅外線波長主要都是由太陽反射而來，亮度差高達十位數之多。雖然比起中紅外線的長波長還短，但是因為行星自己本身的熱能放射使得兩者間的亮度比會稍微緩和，但即使如此它們之間的差距也還是約有七位數那麼多。

　　在地面上對太空的觀測最大的障礙，就是由地球大氣飄搖引起的陽光折射現象，以致即使使用大口徑的望遠鏡還是沒有辦法拍到鮮明的照片。現在，像昴宿星團望遠鏡這種口徑8～10級的

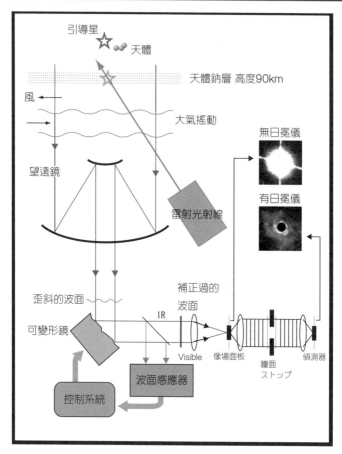

大型地上望遠鏡，已經嘗試著在大氣飄搖時利用光學補償技術、以及將明亮的恆星遮蓋住的日冕儀，找出年輕的巨大行星等任務（上圖），不過仍沒有成功的實例。但在不久的幾年之間，我們就可以使用升級過後的新型日冕儀裝設在昴宿星團望遠鏡、雙子星望遠鏡、以及VLT（Very Large Telescope）等望遠鏡上開始進行尋找行星的任務；所以之後要找到行星，也只剩下時間的問題而已。

　　像太陽系木星這種年紀已經高達46億歲的成熟巨大行星，

以及現今運用間接法也找不到的類地型行星，即使使用下個年代才會有的超大型（口徑20m以上等級）地上望遠鏡也很難觀測得到，因此目前我們正在以加強顯像對比功能為目標。針對此計畫了一系列新太空任務、TPF-C（Terrestrial Planet Finder-C）、TPF-I/Darwin、JTPF（Japanese Terrestrial Planet Finder）等等的相關計畫。在這些計畫當中，TPF-C是將口徑8.5m×3.5m的橢圓形鏡裝置於軸外，和高度進步的日冕儀組合在一起的可見光太空望遠鏡計畫。而Darwin計畫，則是將3m等級的望遠鏡分別裝設在三台衛星上並且讓它們編隊航行，將第四個衛星集中並合成後的紅外線合併，製造一個巨大的紅外線干涉計畫。另外，JTPF是日本的行星拍攝計畫，主要使用的是3.5m等級的日冕儀最適合的可見光衛星望遠鏡（下圖）。它也被認為是同口徑的太空紅外線望遠鏡計畫SPICA的下一期的後繼機種。

　　這些以拍攝類地型系外行星為目的的任務，預定在2020年或者是更久之後發射升空。它們的目標，是以觀測太陽周邊眾多的恆星、發現第二個地球、用光譜確認生命指標的成分（類似地球含有水分和氧氣的大氣成分）等為使命。

JJTP 的構想圖（國立天文台提供）

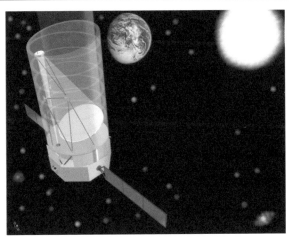

4. 探索伽瑪射線暴

米德大輔（金澤大學）

1. 太空中最壯觀的爆炸現象

「伽瑪射線暴（GRB：Gamma-Ray Burst）」，是一種從遙遠的外太空突然在短短10秒鐘之內，如雨傾盆降下大量伽瑪線的突發性天體現象。確實，因為這是在一瞬之間將超過10^{45}焦耳的能量爆發的伽瑪射線放射現象，所以我們認為它是宇宙中亮度最高的爆發現象。這個狀況相當於一顆普通的超新星將原本必須花上超過一萬年以上的時間慢慢地放射出來的能量數總合，在幾十秒之間一口氣爆發出來的現象。雖然不能說這是一種很尋常的巨大能量爆發現象，但事實上在太空中，這樣的現象卻是幾乎一天就會發生一次的「普通現象」。由於GRB亮度非常的高，所以即使它是在很遙遠的太空發生，我們也能輕易地觀測到，不過在我們身處的銀河系發生的機率卻是非常的小。

在近期研究中，證實GRB是在星星即將終了一生的時候誘發超新星爆發，而發生GRB現象！而且還不是中心有中性子星殘留的普通超新星就能發生，研究人員認為它要是因製造黑洞而需要放射極大能量、符合「極超新星」這個名稱的超新星才會發生。

右圖所顯示的是GRB發生當時的想像畫面，在大質量的星體崩毀而形成的黑洞周圍，因為受到星體外層降落效應的影響解放了重力能量，接著便以相對論速度噴發出光速氣流。

最近，這個GRB現象受到各界相當大的注目，原因不只是因為在這十年之間學術方面的進步；就像開頭提過的，因為它可以在短時間內發出極為光亮的光輝，因此它就成了一個幾乎可以帶領我們回溯到遙遠的古代太空時代，蘊藏著能夠讓我們一窺宇宙初期樣貌的光源。以下將詳細介紹GRB的發現過程與研究現況。

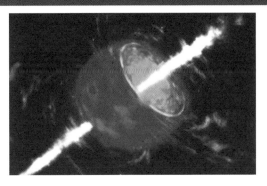

我們認為伽瑪射線暴是一個隨著大質量星體的重力崩壞，星體中心產生黑洞，並噴發出強烈氣流的現象。（NASA提供）

2. 發現伽瑪射線暴以及長期的黑暗摸索期

　　人類第一次認識到伽瑪射線暴（GRB）這個現象是在1967年，當時美國、英國和蘇聯之間簽訂了部分禁止核試驗條約，因此美國便以監視太空的核子試驗為由發射了一枚名為「Vela」的衛星。並在該衛星上裝有可以監測出核子爆發時放射出伽瑪射線的儀器，所以能夠監測到從各方向發射的伽瑪射線。雖然這個Vela衛星不時會檢測到突發性的大量伽瑪射線能量消息，但是由於它們不知道發射方向的關係，所以被認為有可能是某一方在祕密進行核子試驗，因此這些消息一直以軍事機祕為由沒有向大眾公布。

　　在此之後也觀測到很多次相同類似的突發狀況，但是一直到1973年時才在美國的洛斯阿拉莫斯國家實驗室（Los Alamos National Laboratory）克雷貝沙戴爾博士等人的研究之下，成功地測定出這種突發性伽瑪射線發射的方向。他們發現這個伽瑪射線不是從地球的大氣層來的，而是從遙遠的外太空傳過來的；因此克雷貝沙戴爾博士等人才將發現這個謎樣般的突發伽瑪射線天體的

情形，發表在美國的天文學會雜誌上。這就是GRB發現的經過。由於地球被一層厚重的大氣遮蔽，使得從天體來的伽瑪射線無法到達地面，所以我們只能利用人造衛星在太空對它進行觀測，這也只有在太空執行監測伽瑪射線任務的Vela衛星才能發現它的存在。

伽瑪射線強度曲線表

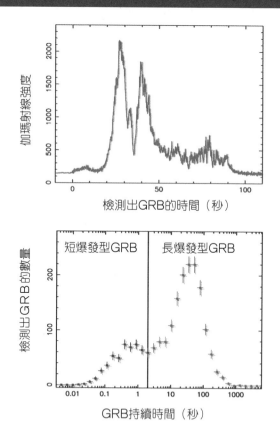

上圖為GRB的光度曲線，在幾十秒之間的短短時間之內有激烈的時間變動；下圖為持續時間之中的頻率分布，我們可以發現在兩秒附近的區域內有兩種不同種類的種族存在。

接下來，我們將進入GRB現象解說的部分。如左頁上圖，它所表示的是檢測到GRB時隨時間延長伽瑪射線強度的變化情形——伽瑪射線亮度曲線圖。由圖我們可以得知，伽瑪射線持續的時間只有短短數十秒，並且還會伴隨著激烈的時間變動；其中還有比千分之一秒還要短的時間變動率。又因為不論任何物體的移動速度都無法比光速（30萬km/秒）還要快，因此我們可以猜測能夠做到一千分之一秒時間變動的物體，其大小應該不會超過300km。

GRB的時間持續性分布就像左頁下圖一樣是分成兩個山型構造狀，不論是千分之幾百秒或者是300秒左右的GRB都有各自的巔峰數量，為了區別這兩種GRB，我們以持續時間2秒為基準，比2秒長的稱為「長爆發型GRB」、比2秒短的稱作「短爆發型GRB」。

不論是持續時間長的長爆發型GRB，還是持續時間短的短爆發型GRB，伽瑪射線的光譜都是非熱的輻射爆發。具體情形就像P.128圖所表示的，用一條曲線來顯示它的能量值，並以此線作為區分，低能量的部分和高能量的部分都以「冪函數」延伸。這裡的冪函數是指當圖表的橫軸及縱軸都是用對數刻度標示，就會變成直線狀態的函數。順帶一提，像太陽表面的黑體輻射、高溫電離氣體的放射現象稱為熱能放射現象，這些放射現象依據溫度的不同擁有各自的能量，成為畫光譜時那個有巔峰值的那一條線。

雖然這種顯示出非熱光譜的天體有好幾個，但是我們認為大多數都是因為受到衝擊波影響而加速的高能電子所產生的同步輻射現象；說不定GRB也是它們的同類之一。

讓我們再次回到歷史的部分。經過美國的Vela衛星發現GRB現象之後，以外國的行星探測衛星為首，日本也在「白鳥（Hakuchou）」人造衛星和「銀河（Ginga）」人造衛星上裝設了GRB監測器，造成伽瑪射線強度和時間變動的關係以及它的光譜

特徵等等研究受到廣大的議論。在這個時期當中，尤其以「GRB的起源論」，也就是GRB是起源於銀河系內還是遠方的太空中這個問題，最為引起激烈的辯論。雖然當時眾多的人造衛星傳出監測到GRB的消息不絕於耳，但是光靠視野狹窄的光學望遠鏡是無法詳細觀測到可以確定GRB的起源方向。如果得不到發射GRB的天體和我們測得GRB之間的距離，我們不但不會知道在這一次的爆發中它到底釋放出了多少能量，也不會找到是什麼樣的天體引發了這樣的GRB。這一陣子，大概有九成的研究人員認為GRB是起源於銀河系之內的吧。會這樣說是因為如果GRB起源於遠方太空中的話，全部的能量就會變得非常龐大，也會超越超新星爆發時的能量釋放，因此除了部分的研究人員之外，幾乎沒有人相信GRB起源於更遙遠的外太空。

　　針對這個問題，在1991年發射的康普頓伽瑪射線觀測衛星帶給我們非常大的衝擊。在這個衛星上裝設的BATSE偵測器，在九

光子能量（兆電子伏特）

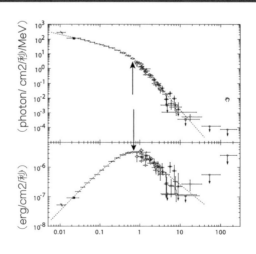

以曲線為界線，可以用兩個冪函數來表示。由於它是一個延展到高能量部分的非熱輻射爆發現象，所以又被認為是同步輻射（synchrotron radiation）。

年之中就偵測到了2740個GRB反應，而這些GRB發生的分布情形就像下圖一樣沒有任何章法可循。如果GRB發生在我們所居住的太陽系銀河之中，GRB的分布應該就要集中在銀河面（銀經±180度、銀緯0度附近）之上，但是我們觀測到的方向分布卻幾乎都在差不多的位置，沒有任何的偏差。也就是說，GRB的發生位置是在我們生存的銀河系之外，所以之前九成的研究人員都被騙得很徹底。但是，如果是在銀河系之外發生的話，那會是存在於包圍著銀河系的光暈之中？還是它是從更遙遠的太空來的呢？關於這個問題研究人員還沒有具體的答案。從發現GRB到現在也已經經過了30多年，研究人員雖然還是常常被這個摸不清底細的GRB搞得暈頭轉向，但是也正在摸索著尋找有關GRB的特性當中。

在銀河系座標上描繪的 GRB 方向分布圖

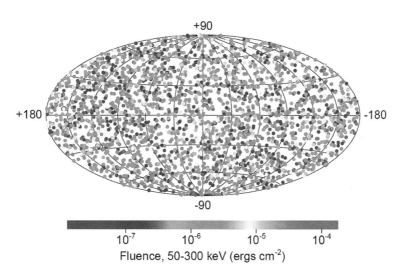

不但有用紅色點表示的極亮GRB，也有像藍色一般暗的GRB。不論是哪一種亮度，都毫無偏頗平均地分布在其中。

（出處：BATSE）

3. 發現餘暉帶來大突破

1996年義大利和荷蘭合作發射的X射線天文衛星BeppoSAX，帶給GRB研究極大的突破。利用BeppoSAX衛星裝設的廣角GRB偵測器，研究人員成功地取得了在1997年2月28日發生的GRB970228（GRB是由發生時間的西曆日期來命名的）詳細發生的方位。研究人員在偵測到GRB現象8小時之後，藉由調整人造衛星用X射線望遠鏡觀測發生GRB的方向發現了一個非常明亮的X射線天體（P.132上圖左）。BeppoSAX團隊接下來也持續地對它進行觀測任務，三天之後發現它變暗到幾乎看不見（P.132上圖右）。在此之前，我們一直認為GRB只會發光幾十秒左右，但是實際上GRB發生後它還會伴隨著一個GRB慢慢變暗的情形，我們稱之為「光學餘暉」。

在日本，也有運用「ASUKA」衛星進行著相當艱辛的GRB觀測任務。藉此，我們得知X射線的光學餘暉有隨著時間的冪函數降低亮度的性質。實際上，同時是自然現象又會隨著時間冪函數降低亮度是非常稀少的情形。放射性同位素降低的狀況可以用時間的指數函數表示，而熱能散發的狀況也可以用時間的指數函數表示，就像儲存於電容器內的電荷放電也是以指數函數表示，西部牛仔片中酒吧門的震動頻率也同樣是以指數函數的方式慢慢停止震動。但是，超新星爆發的衝擊波擴散的狀況，卻是隨著時間的冪函數表示，這在太空的天體現象當中也是非常廣為人知的話題。從它和超新星的類似性為開端，關於「GRB也是某種物體爆發時所產生的現象」的這個說法正在慢慢被接受當中。

就像這樣，只要我們找到X射線的光學餘暉，也就能知道GRB的詳細方位，因此漸漸地連地球上的望遠鏡也可以觀測得到，即使是在可見光的情況下也可以找到餘暉了。針對GRB970508，我們也用超大型的Keck望遠鏡進行可見光波段餘

暉的光譜分解，成功地測量到它與伽瑪暴發生的距離。這個位置是經過紅移後距離0.835（70億光年）的地方，大大超越了研究人員原本預測GRB發生的地點，而是在遙遠的銀河系以外的太空中，從此以後我們也陸陸續續測量到GRD為止的紅移距離，使得「GRB是發生在距離我們100億光年以上的地點」這件事成了不可動搖的事實。

另外，也有在GRB發生的方向發現星系存在的例子（這裡的星系指的是包覆著GRB的星系團，又稱為宿主星系）。發現可見光餘暉的位置就是它們從宿主星系的中心脫離的部分，似乎就是其他眾多新星們一個接著一個誕生的地方。在銀河的中心有一個巨大的黑洞，有時也會有非常劇烈的活動，所以GRB其實也不是在一個多麼與眾不同的地點發生的天體現象，它也是在星系內部發生。GRB的宿主星系很多時候，都在和其他兩個或三個星系進行相互衝突、合體的活動。也許就是因為星系間的相互作用使得恆星形成運動活躍，進而更容易形成會引起GRB發生的宿主星系也說不定。

接下來，因為我們也測出GRB發生地點的距離，所以也就可以預估伽瑪射線放射的總能量值是多少。儘管GRB是在距離很遙遠的地方發生的天體現象，但是我們之所以還可以看到GRB有這麼高的亮度，一定是因為它釋放了龐大的能量。試著計算的話我們可以發現，在某個亮度很高的GRB發生時，釋放的能量可能高達1047焦耳。之前我們在文章開頭的部分有提到，GRB是一個可以顯示短時間變動的情況，所以我們預測它的發生源是小型的天體。那麼，試想看看，如果是在一個小區域裡塞進大量能量以伽瑪射線光子的方式呈現的情形又會是如何呢？這個時候，從GRB會發射出比一兆電子伏特（1MeV）還要高的伽瑪射線能量。此時，兩方的伽瑪射線光子會相互衝突並同時產生電子和其反粒

BeppoSAX 衛星第一次捕捉到的光學餘暉的 X 射線照片

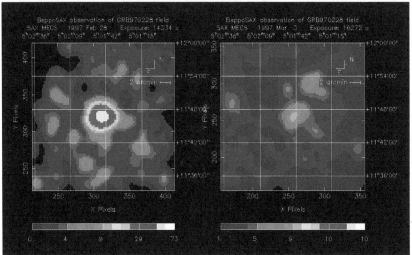

左圖是在偵測到GRB的八小時之後還是相當明亮的GRB，三天之後就變得像右圖一樣暗。

密度問題概念圖

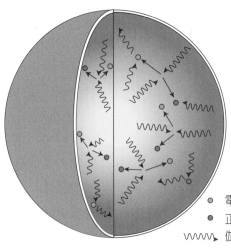

將大量的伽瑪射線光子密閉在一個狹窄的空間，就會產生成對的電子和正電子；而伽瑪射線會和電子和正電子衝突而散亂，導致無法脫離這個空間。

● 電子
● 正電子
〰▶ 伽瑪射線光子

子的正電子引起次原子粒子反應（稱作電子、正電子的成對產生）。此外，剩下的伽瑪射線會和已經形成的電子和正電子衝突而導致無法自由地脫出（左頁下圖）。如此一來，伽瑪射線變成只能一點一點的滲透出去，既無法一口氣釋放能量，也不可能造成激烈的時間變動。如果大量的能量無法擠入狹小（緊密度高）的地方，我們的假說也就會卡在上述所提到的難題裡暫時無法得到證實了。而這個狀況我們稱之為「密度問題」。

4. 相對論的火球？

解決密度問題的唯一方法，就是芮斯（Martin Rees）博士和Mészáros博士提出的「火球模型理論」，其中導入相對性理論成為解決問題關鍵。這個理論模型的提出是在發現X射線餘暉之前的1992年，在當時受到GRB全放射能量會膨脹的影響之下，吸引非常多的研究人員注意。

試想，當發生GRB的物體（放射體）以近乎光速的猛烈速度朝著觀測者而來會發生什麼事呢？如果觀測者在這個狀態下觀察一個以相對論性的速度在運動的物體放射情形的話，觀測者會產生以下兩種錯覺。

第一種：從觀測者的角度觀察，會發現這個高速運動中的物體的時間似乎就要停止的樣子。也就是說，即使事實上這個物體的時間是以緩慢的速度在變化著，但是在觀測者的眼裡看起來卻會是早就已經結束變動了的效果。這時我們就會因為誤把這個我們認為時間變動快速的情形，誤解成它的放射區域狹小；但是事實上這有可能是誤解，實際上說不定它的放射區域應該還要更大也說不一定。

第二種：觀測者捕捉到的光子能量和GRB放射體發射出的光子能量不同。雖然觀測者觀測到的是大量的伽瑪射線，但是這個

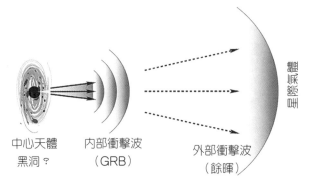

中心天體
黑洞？

內部衝擊波
（GRB）

外部衝擊波
（餘暉）

星際氣體

從黑洞附近噴發出的超高速物體相互衝突之下產生了GRB，之後，經由GRB
在太空中奔馳的同時不斷聚集星際氣體進而產生餘暉。

情況可能只是因為相對論的效果而讓我們誤以為是如此，實際上
GRB的放射體發出的只是低能量的X射線而已。因為觀測者會檢
驗到大量1MeV以上的光子，所以會造成有電子、正電子形成的錯
覺，事實上單純只有X射線在閃耀，並沒有電子、正電子成對產
生的情形。根據這兩個效果的產生，可以解決所謂的密度問題。
這個相對論性的火球模型理論不但可以解決密度問題，同時因為
還能夠用來說明其他許多觀測結果而受到矚目。雖然這是一個非
常困難的理論，但是在研究的第一線上，它已經成為非常重要的
「基本模型」理論，所以以下還是先整理它的概要給大家。

上圖所表示的就是「相對論性火球模型」的基本概念圖。
當大質量的星體爆發形成黑洞的時候，便會釋放大量的重力能量
（我們先假設，火球就是由這些塊狀的能量體形成的）。也許大
部分的物質都會被黑洞吸入，但是其它有很少的部分，會成為火
球中質子和電子之類的物質。因為要在少量的物質當中放入大量
的能量，所以物質含有龐大的動能，以極端相對論速度開始向外
膨脹；我們認為這些物質是以比光速的99.99％還要快的速度以氣

流狀噴出。由於所有的物質不可能是從同一個起跑點上用同樣的速度向前跑，所以多少也會有以不同速度向前的族群。因此速度較慢的物質，就可能會受到後方速度快的物質追撞，製造出所謂的衝擊波（內部衝擊波）；被衝擊波的亂流推擠加速後的電子，會受到磁場干擾而經由同步（加速）輻射這個結構而發光，因為這個光是由以相對論速度運動的物質發射出來的光，所以觀測者會認為它是伽瑪射線。像這樣的衝突不斷在各處發生，所以會忽明忽暗地發出短暫類似脈搏震動般斷斷續續的亮光，這就是時間變動快速的GRB形成的原因（左圖內部衝擊波）。

而且，原本前進速度較快的物質也會因為和前方運動緩慢的物質衝突導致速度減慢；隨著時間消逝，各個速度不同的族群也會跟著漸漸統一，變成一個大型的物體穿越太空。雖然量不多，但是因為在太空中也有非常少量的物質（星際氣體）存在，所以這個不斷往前前進的物體在前進的同時也會收集這些氣體形成衝擊波（外部衝擊波）。這個時候，電子同樣也會受到影響加速前進，經由同步（加速）輻射而發光，形成餘暉（左圖外部衝擊波）。以上就是相對論性的火球形成的概要。

這個模型很重要的一點，就是少量的物質可以提供大量的能量。因此，這也是能夠使這個物體達到以相對論性速度前進的關鍵。如果這個物體本身含有大量的物質，物質的膨脹速度便會減緩，最後只會產生超新星爆發而已。雖然目前我們要解釋出這個只含有少量物質的火球的形成原因還相當困難，但說不定只要它也像黑洞一樣擁有一個可以將其他物質吸入的空間，這個想法就有可能成立。正因為如此，大多數的研究人員都認為GRB就是在黑洞形成的瞬間發生的。這個模型與眾不同的地方，是它可以從一個出發點同時完美地解釋GRB的伽瑪射線和光學餘暉現象，其中特別是在光學餘暉方面，它可以用非常高的準確度說明觀測的結果。

5. 即時通報系統引領而來的新境界

　　如同先前所提到的，經由BeppoSAX衛星的運作讓我們發現了光學餘暉，並且瞭解到GRB是起源於遙遠的太空。但基本上它仍只是人造衛星的觀測，因此要全面了解，仍有許多困難要克服。

　　通常我們使用人造衛星的方式，是當人造衛星通過我們從運作中心看得到的地點的時候取得相關資料，接著再下達指令讓人造衛星移動到下一個觀測點。如此一來，即使人造衛星偵測到GRB的信息，我們也要等到人造衛星通過運作中心的上方那一刻才會知道GRB的消息，而這樣就會浪費掉不少時間。當我們觀測到X射線餘暉的時候也需要時間來分析詳細的發生方向，等到全

GRB 即時通報系統

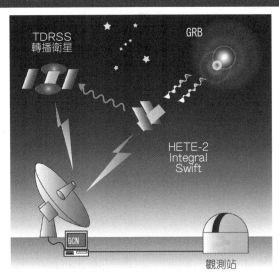

當人造衛星偵測到GRB的時候，立刻就能確定GRB的發生方向，並且在實時內傳達訊息給地上的觀測人員。即使是在人造衛星下方沒有無線天線的情形，人造衛星也能將資料先傳給資料傳輸衛星再轉達給觀測站。而總括所有消息的GCN則是運用網際網路，將GRB的發生情報傳達給世界各地的觀測站。

世界的觀測人員都知道這個消息，至少也會是餘暉發生過後6小時以上。我們知道，餘暉會隨著時間的流逝慢慢消失變暗，所以當然是越早進行觀測越有利；但是在這樣的人造衛星運用方式上，「時間」是一個我們很難突破的一道關卡。

在這樣的情形下，美國、法國和日本的國際合作團隊認為我們應該要突破這個時間的難題，針對此進行了一項觀測GRB專用的HETE-2（高能瞬時爆發探測衛星2號，High-Energy Transient Explorer 2）計畫。HETE-2可以在GRB發生的幾十秒內確定發生方向，並具有經由網際網路傳導GRB詳細的發生方向給地上觀測人員的功能。左圖是HETE-2在GRB發生以後縮短時間通報的流程圖。HETE-2衛星通常被置於赤道上空盤旋的軌道上，並且在赤道上的各個國家也都設置了非常多的運作中心。至此以後，我們就可以不論何時，隨時都能掌握和衛星之間的通訊了。

更聰明的是，偵測到GRB的人造衛星的電腦系統還能夠自動分析GRB的資料，幫我們推斷出詳細發生方向的數值，絲毫不需要我們自己動手就能夠自動地得到發生方向的資訊，並且連我們原本期望能即時內得到GRB資訊的期待都達成了。

同時，GRB的發生情報也將經由專門收集資訊的伽瑪射線暴位置情報網絡（GCN）的情報收集網站統整過後，再運用網際網路（電子信件等）將消息傳送至世界各地的觀測站。這樣的即時通報系統使我們能夠在GRB發生後即時觀測到GRB的影像，對天文學的研究來說是一項革命性的發展。

再者，2004年發射的Swift衛星還能在發現GRB的當下馬上在自己的判斷下改變方向，更增加了自行啟動觀測X射線餘暉的機能。運用這種嶄新的即時通報技術，我們不但能夠在地面上利用可見光、近紅外線和電波進行觀測；同時也能在太空中運用X射線、伽瑪線，類似這樣用各種不同的波長取得GRB發生後當時的影像，達成對GRB進行全面性研究的理想。

從前我們對GRB的觀測總是太晚才能開始行動，每當開始觀測的時候也因為餘暉已經變暗使得我們只能使用大型望遠鏡來觀測可見光的餘暉。但是一旦這個即時通報系統體制整備完成，即使是用30cm口徑的望遠鏡都能檢測出GRB的餘暉，而且不只有觀測站或大學的研究人員，連業餘的朋友也都能參加觀測的行列！

接下來，我們來舉幾個在GRB發生後馬上進行觀測成功的例子。GRB021004是經由HETE-2衛星的即時通報系統在偵測到GRB48秒後得到的GRB情報。這個GRB雖然是發生在距離我們紅移2.3（107億光年）的地方，但是我們觀測到它的時候亮度還是有15級之高，這個亮度亮到甚至也有國內（日本）的團體直接用30cm口徑的望遠鏡就能成功觀測到它。

GRB030329因為是在日本夜晚時間發生的，因此當時國內的大學和觀測站扮演了很重要的角色，業餘的觀測者也在觀測上提供了相當大的貢獻。這個GRB同樣也是經由HETE-2偵測而來，並在偵測到後1.2小時開始進行觀測任務。它的餘暉高達12等級，即使將它擺在我們所有觀測過的餘暉當中，它也是屬於等級最亮的部分。根據名為VLT這一台大型望遠鏡觀測的結果，它是發生在紅移0.168（21億光年）的地方，和其他GRB相較之下算是在距離比較近的地方發生的，也因為它發生的位置很近，所以我們才能成功地捕捉到它極度光亮的餘暉。這個GRB不僅亮度極高，也由於它可能是在超新星爆發的同時發生，因此造成了廣大的討論，關於這一點我們將在下一章再做更詳細的說明。

接下來我們來介紹一些由Swift衛星捕捉到的X射線餘暉奇妙的變化方式吧！在BeppoSAX衛星活躍的時代，我們只能捕捉到在GRB發生後6小時以上的畫面。當時因為不論哪個GRB都是單純的以時間的冪函數為單位遞減光亮，因此我們認為這些GRB從一開始到最後都應該是以這樣的速度變化。但是當Swift衛星在GRB發生後100秒開始對X射線餘暉進行觀測的時候，我們發現它

會像下圖所顯示的一樣，呈現出非常複雜的變化方式。它在GRB的伽瑪射線停止放射的同時急驟地降低亮度，並在維持相同的亮度一段時間之後，以我們熟知的速度開始遞減亮度。在這其中也有因為X射線流量激增導致亮度加強的情形，我們稱之為「X射線閃焰」，這是在BeppoSAX衛星活躍的時代完全無法想像的狀況。

　　一開始亮度急遽降低的部分可以解釋為GRB伽瑪射線的遺留痕跡。這是因為，當我們把伽瑪射線和X射線兩邊的亮度曲線描繪在一起的時候，兩邊的曲線會整齊的連接起來，連光譜的時間變化都能順利地接連在一起。一直以來我們所知道的亮度降低的部分，可以用火球模型的外部衝擊波得到完整的解釋。其中最麻煩的就是亮度保持穩定狀態的部分，目前仍沒有任何人找出可以說服大眾的解答。GRB中心部的黑洞活動的時間，被認為是和GRB持續時間差不多的幾十秒之間；但是說不定其實它的活動時間應該還要更長，用慢慢地釋放出能量的方式來保持一定的亮度。

Swift 衛星捕捉到的初期 X 射線餘暉的亮度變化曲線圖

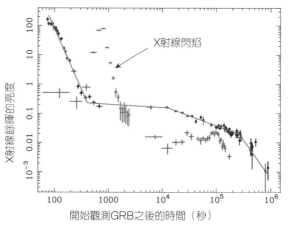

X射線餘暉的亮度以非常快的速度消減；並在維持穩定狀態一段時間後，以我們從前就知道的速度，也就是以時間的冪函數開始遞減亮度。有時也會有X射線閃焰的情形發生。

6. GRB 的真面目

　　以下我們將針對產生GRB的主體做簡單的說明。因為GRB放射出來的能量非常龐大，因此被認為和黑洞的形成有關。但是實際上卻有兩個相互對立的模型存在：一個是大質量星體爆炸說，另一個是中子星和中子星聯星的合體說。雖然在觀測持續時間較長的長爆發型GRB時，我們得知可見光餘暉存在於原誕生星系的星體形成區域中，支持了大質量星體爆炸說的說法，但沒有決定性的證據。

　　引發GRB和超新星爆發之間爭論的，就是GRB980425事件。這個GRB是在紅移0.0085（1億光年）的位置發生，到現在仍是離我們最近的一次GRB。在這個GRB幾乎同一時間，在完全同樣的方向發現了超新星爆發SN1998bw，這個超新星的能量比一般我們發現的超新星能量多了10倍，到達極超新星的標準。雖說正因為它是一個能量龐大的超新星，所以即使認為它的爆炸會引起GRB也不為過，但這個GRB的能量卻比一般我們發現的都還要小上50倍！在研究人員中，也有人認為SN1998bw是在一億光年遠的地方發生的，只是湊巧在同樣方向更遙遠的地方發生了GRB980425而已。但是針對這項說法並沒有確切的答案，就這樣隨著時間模糊帶過了。

　　此時，又有一個名為GRB030329登場了！這個GRB就像前面敘述的一樣，因為它在距離我們非常近的地方發生，全世界都動起來對它進行詳細的調查。初期的餘暉就跟一般的情形一樣是以冪函數為單位減光，光譜也是非常整齊的非熱能式放射；但是當我們持續觀察，可以發現在GRB發生後10天左右光譜的形狀會開始產生變化，變成像下圖所顯示的複雜構造。這個光譜和SN1998bw的光譜形狀非常類似，甚至可以斷言這很明顯就是超新星爆發產生的結果。我們將這個超新星命名為SN2003dh。當我們

持續對它的餘暉進行觀測，卻突然在它的中央看到超新星出現在其中。而且GRB030329的能量和一般的GRB差不多，所以這是一個不論是誰都會贊成GRB和超新星之間關連性的假設。

在大多數的人都贊成GRB和超新星之間關係的情況下，此時又有新的變化產生了。Swift衛星偵測到的GRB060614事件也是在很近的地方（紅移0.125，16億光年）發生，也引發了一陣觀測風潮。因為這個GRB060614和GRB030329兩個是在差不多的距離發生，所以大家都很期待可以從中觀測到超新星爆發，此時不論是任何人都想要先找到超新星的現身，因而相互競爭著。雖然大家都持續不中斷地在進行觀測，可是不論等多久都還是沒有等到超新星的出現。此時研究人員們無不抱頭深思，是不同種類的GRB嗎？還是全部的物質都被黑洞吸收掉了？

SN2003dh 和 SN1998bw 的光譜比較圖

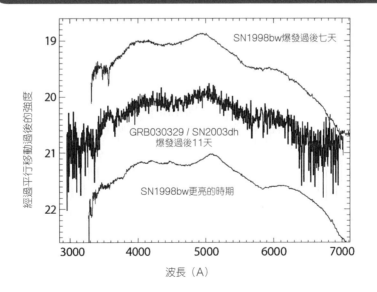

在對GRB030329的餘暉做持續觀測時觀測得到的資訊，毫無疑問地顯示出GRB和超新星之間的關連性。

最近，又有一個極有力的假說，也就是中子星聯星合體說又再受到了矚目。這是因為它被認為是極有可能造成短爆發型GRB的宿主星系。以前對於這種亮光產生時間只有短短一瞬間的短爆發型GRB很難確認它們的發生方向，但是現在經由Swift衛星，我們第一次成功確認了GRB050509B這個短爆發型GRB的方向。而且，在我們同時用人造衛星和望遠鏡進行追蹤觀測的時候，也發現了類似餘暉現象的情形；而就在距離這個餘暉非常近的地方，我們也看到了一種被稱為橢圓星系的母星系。以前我們提到橢圓星系總以為它是一個年老的星系，幾乎不會有新星誕生，只存在著質量輕的星體，就因為我們以為不會有大質量的星體存在，所以根本也不會想到它有可能會是發生超新星爆炸並引起GRB現象的主體。在筆者所知的範圍內，沒有任何一個以橢圓星系為母星系的長爆發型GRB的例子存在。而中子星的聯星則是在對方身邊一面公轉，一面用重力波的形式釋放出能量，兩方也會慢慢地接近。再經過一百億年左右很長的一段時間，最後兩方終究會衝突、合體，因此這種情形被認為很容易發生在像橢圓星系這樣年老的星系中。因為這樣的理由，我們才開始思考在橢圓星系發現短爆發型GRB和中子星聯星合體之間的關連性。

7. 未來展望

最後，我們來稍微整理一下有關將來我們應該要闡明的問題，以及預定期待能夠實現的事情吧。

目前我們發現到距離我們最遠的星系，是昴宿（SUBARU）星團望遠鏡找到的紅移6.96（127億光年）的星系。根據WMAP衛星在宇宙微波背景輻射的觀測，由於我們推測宇宙的年齡是137億年，所以也就是說，這個星系是在宇宙誕生後只經過10億年的古老星系。因此我們可以從中得知，在這個星系形成的當時，一定

有更多的星體也在這個時候在宇宙中閃耀。如果在這麼遠的地方也發生GRB的話,我們是否也能觀測得到呢?對於這個問題的答案,是肯定的。如同本章不斷重複敘述的,GRB是一種在短時間內產生非常大亮度的現象,即使是和一個星系的亮度相比,有時候甚至也只差10倍左右(P.144圖),由此可見GRB的亮度很高。雖然距離我們確定GRB是在遙遠宇宙中誕生也不過才不到十年,我們就已經找到一個紅移6.3(126億光年)的GRB,這樣的進度已經和星系觀測的成果不相上下了。我們已經證實GRB實際上是在遙遠的宇宙中發生,接下來的目標是希望可以偵測到在原始宇宙中發生的GRB事件,這也是我們在達到偵查最遙遠的宇宙這個最大目標之前的一條必經之路。

另外,還有一個跟遙遠宇宙息息相關的重要話題,那就是找出在宇宙中第一顆發出光芒,真正的「第一顆星」在哪裡。現在的宇宙論學者們認為,宇宙中第一顆形成的星體應該是比太陽質量大100倍以上的大質量星體;而且主張這樣的星體在宇宙中應該是頻繁地形成在宇宙各處。如果真是如此,那麼我們猜測當這個「第一顆星」爆炸的時候,會引發GRB也不是不可能的事情。實際上,作者群曾利用從大量GRB的觀測資料中發現的經驗法則(P.145圖),也被稱為「21世紀版哈伯定律」,預測可能在比紅移10(130億光年)還要遠的古老宇宙中也有GRB發生。

宇宙的起源是經由大爆炸而產生,那幾乎是一個只有氫氣存在的世界,連一顆可以稱之為星星的天體都沒有,是一個只有氣體存在的孤寂宇宙。但是,這樣空蕩蕩的宇宙,現在卻佈滿著無數的星星、星系、銀河,就像是一個混雜著多種種類天體的動物園似的愉快宇宙。而宇宙的第一顆星,到底是在何時、如何形成?它又擁有什麼樣的性質?我們希望能夠透過分析GRB,來解開這個宇宙的古代史謎題。

目前我們經由觀測確定,GRB是和擁有龐大能量的極超新星

同時發生的。但是，實際上卻還沒有任何一位研究人員真的證實有一個黑洞存在它的中心。像這樣的一個擁有實體的星體，真的會被吸入黑洞這個時空的空洞當中嗎？與此同時，研究人員提出了相對論性的火球模型，但是真的有氣流噴發出來嗎？對我們來說，黑洞還有太多太多的謎題等我們去破解。因此，從GRB的觀測去尋找黑洞誕生的瞬間是一個相當重要的課題。

透過本章大家可以發現，我們在GRB的觀測和理論的解釋上可以說是日益不停地在進步；正因為如此，筆者才能以不可動搖的觀測事實為基礎講述這個話題。但是，這個GRB仍然是那個

可見光餘暉與母星系

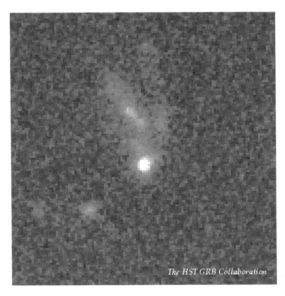

The HST GRB Collaboration

這個在中央發出明亮的光芒的是GRB990123的可見光餘暉，照片是它正在和多個星系衝突的情形。由於餘暉的光芒壓倒性的比星系發出的亮光還要亮，因此即使它是在非常古老的宇宙中發生，可以觀測到的可能性還是很高。

曾經讓九成學者上當的一個天體現象；不論我們多有把握，以後還是有極高的可能性會發現誰也無法預料得到的新事實。現在距離我們當初發現X射線餘暉已經過了十年了，雖說這十年間我們在科學上面的成長非常迅速、也得到了很耀眼的成果，但始終還是一門剛起步的學問。在不久的將來，也還有高性能的GRB觀測衛星計畫等著我們去完成，另外，在地面上也有大型觀測儀器的建設計畫，我們都期待將來這門科目也能成為一個專門的研究領域，得到更多更好的發展。

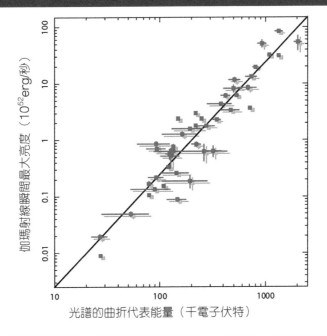

從解析檢測到紅移的 GRB 發現的伽瑪射線光譜的關係圖

從圖中我們可以發現，當光譜曲折的能量越大，瞬間最大亮度也就越高，兩者間有非常強烈的關係。

5. 黑洞軌跡與新模型

高橋勞太（東京大學）、渡會兼也（金澤大學附屬高中）、福江純（大阪教育大學）

1. 可以用肉眼看到黑洞嗎？

　　一直到現在，我們已經找到許許多多有可能會形成黑洞的後備天體，但是到現在都還沒有直接觀測到黑洞的影像；這是因為我們預測黑洞的大小實在太小，小到用現有的望遠鏡還是無法分辨出來。

　　至今在這些會產生黑洞的天體之中體積最大的，就是存在於銀河系內的Sgr A*（人馬座A*，Sagittarius A*）。地球看這個黑洞的大小大概只有方型45微角秒左右，這與從東京都廳看位於富士山頂上人臉汗毛的大小差不多（1角秒= 1/3600度，1微角秒=一百萬分之一角秒）。

　　緊接著第二大的黑洞後備天體位於處女座星系團中央的橢圓星系M87的中心，可見的大小大約是33微角秒左右。將來我們能最早直接觀測得到的黑洞大概就是Sgr A*（P.148上圖）和位於M87（P.148下圖）中心的黑洞吧。

　　為了要清楚地看到這些黑洞，具有超高分解能的望遠鏡是必要的工具，只有使用像這種有干涉技術的望遠鏡才能夠觀測得到。當然，黑洞本身是無法被看到的。但是，黑洞常常會因為自己本身強大的引力作用而不停地將周圍的物質吸入，如此一來，由於大量物質被集中在狹小的區域裡會使得這個區域變成高溫高密度的狀態，因此有一部分的重力能量會成為光的能量釋放出來。此時具有高分解能的望遠鏡，就能經由觀測這些被黑洞吸入的物質發出的光芒，找到藏身於這些光芒中的黑影，也就是黑洞的身影了。這個道理如同在夜晚看透明玻璃一樣：雖然無法直接

看到玻璃，但是如果我們在它背後打光，就可以看到它的影像。

　　實際上並沒有我們想像的那麼單純。這同樣也是受到黑洞吸引其周圍物質進入後放射出的光芒影響有關，因為不論這些物質放出的光亮量太多或是太少，都有可能使我們陷入無法看見黑洞這種麻煩的狀態。

　　首先，當它們放射出來的光量不夠多的時候，想當然爾傳達到望遠鏡的光量也就會不夠，這時即使是高分解能的望遠鏡也會因為太暗而無法進行觀測；相反的，當光量過多的時候，因為從黑洞附近放射出來的光無法逃逸，所以導致在黑洞附近的光無法傳達到望遠鏡。這就如同因為從太陽中心發射的光無法直接傳達到地球，使得我們無法直接觀測太陽中心一樣。在太陽的情況下，不論是用哪一種光的波長都無法看到太陽的中心，根據理論推算，在Sgr A*和M87中間的黑洞還可以從電波領域的光和高能量的X射線看到伽瑪射線區域中的光從中間透出來。

　　因此，如果想要直接看到外形比較大的Sgr A*和M87中心的黑洞，使用超高分解能的望遠鏡捕捉電波、X射線、伽瑪射線的光即可。關於這些觀測，如果快的話在2010年代，慢的話最晚在21世紀前半之前就能夠實現。

2. 光線在黑洞周圍會彎曲！

　　我們知道只要有高分解能的望遠鏡，就能直接觀測在銀河系中心的黑洞，那麼我們要怎麼做才能看到黑洞呢？試著用理論的方式去想：在這個情況下有一個不可避免的事情，那就是在黑洞的周圍，光線會彎曲這件事。在光的特性中，有一個會往最短距離前進的性質，因此在引力不強的空間中光線會選擇最短的距離，也就是光線會以直線前進。但是，由於黑洞周圍引力非常

存在於我們的銀河系中的 Sgr A

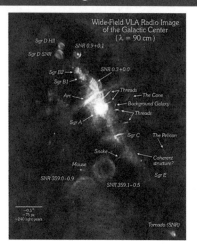

出處：http://www.nrao.edu/image-gallery/php/level3.php?id=326,NRAO/ AUI and NE. Kassim, Naval Researh Laboratory

用電波觀測到的橢圓星系 M87 的中心區域

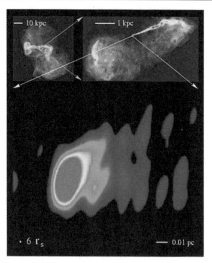

出處：http:// www.nrao.edu/image-gallery/php/level3.php?id=56, NRAO/ AUI

強，所以最短的距離就變成曲線了！於是，光線就會往黑洞的方向彎曲。下圖，就是一個已經沒有在轉動的史瓦西黑洞周圍光的行走軌道。

根據光線的軌道衝突係數（當光線沒有彎曲時的再接近距離）的不同，會有以下三種類型的軌道：

（一）直接掉入黑洞的軌道。

（二）往黑洞方向彎曲，但是不會掉入黑洞，從無限遠的地方進入又往無限遠的地方前進的軌道。

（三）構成這些軌道邊界，並且永遠圍繞在黑洞周圍的軌道。

在黑洞還在轉動的時候，軌道也是分成這三種類型。

那麼，接著我們來看看黑洞的旋轉情形。如同宇宙中沒有不旋轉的星體一樣，我們認為黑洞會旋轉也是很合理的事情吧？黑洞的旋轉，對於黑洞周圍光線的走向有很大的影響；當黑洞在旋轉時，黑洞周圍的時空都會被黑洞旋轉的力道拉扯，使得光線也

已經沒有在轉動的黑洞附近光線的行走軌道

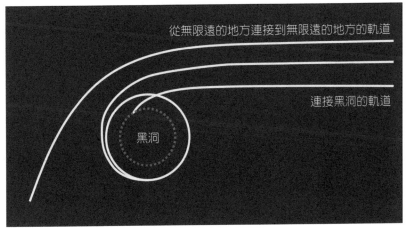

會一面旋轉一面以最短距離前進。如下圖可以看出旋轉中的黑洞身旁光線的軌道運行方向。

　　下圖表示，從黑洞的旋轉軸正上方看到形成如赤道面一般的光線軌道圖。此圖中，黑洞以逆時鐘方向高速旋轉，並只畫出落入黑洞中的光線軌道。纏繞在中央的這些圓，代表了物質和光線從外側通往內側的單行面，只要是進入中央地區的任何東西都無法脫逃的區域，我們稱這個面為「事界（事象地平面、event horizon）」。不論哪一條和黑洞的這個事界相接的軌道，都會跟著黑洞的旋轉方向強制捲入黑洞中。另外，擁有黑洞旋轉或反向旋轉力道的光線，由於從無限遠的地方再接近的距離更長，所以更容易被黑洞吸入；也就是說，在黑洞要吸入光線的時候，有將自己的旋轉力道減低以利吸入光線的傾向。

高速旋轉中的克爾黑洞（Kerr black hole）身旁的光線軌道

受到黑洞旋轉影響而被拉扯的光線軌道

黑洞以逆時鐘方向高速旋轉

這是從黑洞旋轉軸的正上方看到的光線軌道圖，光線的軌道就像在赤道面一樣。

3. 黑洞是光線中的影子

　　若將黑洞周圍光線的軌道和從黑洞周圍放射出來的光線量仔細地用一般相對性理論計算的話，就能將直接觀測到的黑洞表象用理論的方式表現出來。P.152圖就是我們用理論的方式預測出來的在光線中可以看到的「黑洞的影子」模擬圖。

　　此圖是用一般相對論計算過後的黑洞模擬圖。圖所表示的一個完整的圓形黑洞，是沒有在旋轉的靜態黑洞（史瓦西黑洞）的影子，右圖中（克爾黑洞）稍微有些歪斜的黑洞，是以最高速正在旋轉中的黑洞（P.152圖）的影子（從側面看的情形）。此模擬圖是我們利用實際觀測到的黑洞周圍光線的放射率分布不矛盾的部分，用電波觀測到的黑洞模擬圖。

　　首先，左邊這個不會旋轉的靜態黑洞影像，中央的圓形黑影和P.149圖說明的光線軌道圖可以相互對應。墜入黑洞的軌道部分，因為軌道的長度相對的比其他類型的軌道還要短，所以軌道上光線的量相對地也就比周圍的量少。同時，因為重力紅移的關係（受到重力影響使光的能量下降的效果），看起來會比較暗。另一方面，從無限遠方連接到無限遠方的軌道，由於軌道長度相對的比較長，所以受到重力影響亮度變暗的程度較低，因此看起來會比較亮，而形成邊界的軌道，會造成黑影的輪廓效果。

　　在這裡要注意的是，即使相對的量比較少，但是還是會有光線傳到中心黑影的部分。造成黑洞的影子，其實只是相對之下光量比較低的區域，也就是比較暗的區域。若只用這個觀點來看黑洞的話，與其說black hole=「黑色的洞」，還不如說是「黑暗的洞」來的正確。

　　接著，我們來看看P.152右圖這個在旋轉中的黑洞的例子吧。當光線的軌道被捲進黑洞的旋轉方向時，黑洞的影子就會稍微變得比較直長，相對於黑洞的質量中心黑影的位置會稍微有一點偏

不會旋轉的黑洞

以最高速率旋轉中的黑洞

左圖是不會旋轉的黑洞表示圖，右圖是從側面看旋轉中的黑洞表示圖。

離的感覺。被黑洞吸入的軌道以及從無限遠方接連到無限遠方形成邊界的軌道，會形成黑洞身影的輪廓這一點，則和不會旋轉的黑洞相同。從黑洞影子的位置和其歪斜的形狀，可以得知黑洞的旋轉速率，我們也期待它將來能夠成為讓我們能夠計算時空歪斜程度的指標。我們已經迫不及待觀測黑洞影子的日子早點到來！

4. 黑洞的天體為什麼看起來是明亮的呢？

到目前為止，我們主要都是在針對如何才能觀測得到黑洞（如何看到黑洞）來進行這個話題，但是卻在我們已經找到可能會成為黑洞的天體中，都還沒有直接觀測到它實際的樣貌。如果黑洞就像它的名字「黑色的洞」一樣可以直接觀測到的話事情就會變得比較容易一些，但是實際上從我們發現黑洞以來就不是那麼一回事。那麼為什麼我們會認為那些眾多可能會變成黑洞的天體，是黑洞呢？（右圖）

距今大約40年前的1963年，自從我們找到一個現在我們稱之為類星體的奇妙天體，便開啟了研究黑洞的大門。由於類星體放射出的光譜線有很大的紅移現象，所以我們可以猜測它應該是一顆距離我們非常遙遠的天體，但即使如此，這顆類星體還是和其他銀河系內的星體一樣放射著明亮的光芒。像這樣雖然距離遙遠但是看起來還是很明亮，就代表著這顆類星體放射出來的亮光的量一定相當龐大。例如有一顆名為3C273的類星體，它放射出來的亮光能量比一整個典型的銀河系放射出的光亮還要多出1000倍（P.154圖）。關於這個類星體，到底是如何在這麼狹小的空間裡放射出如此龐大能量的問題，在那個時期還沒有任何人有辦法解開這個謎題。

　　有人認為類星體的能量來源，應該是像發生在太陽中心的核融合反應一樣，但是當我們要試著拿這個想法來說明類星體的能量來源，卻都無法成功。在發現類星體後6年的1969年，根據劍橋大學Donald Lynden-Bell的研究，他提出了類星體的放射原因應該是從一個和黑洞光譜一樣的天體周圍形成的「吸積盤」放射出

黑洞與其標準的吸積盤

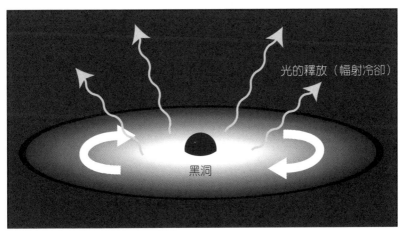

光的釋放（輻射冷卻）

黑洞

來的強烈放射現象。這個吸積盤指的是被天體重力吸引下降的氣體，在該天體周圍旋轉並掉落聚集而形成的吸積盤。

另一方面，因為黑洞的重力非常強大，因此我們又認為在黑洞周圍的物質或是能量應該都會被黑洞吸入。那麼，為什麼在這個結構緊密的天體周圍的吸積盤還可以放射出能量呢？這個問題的答案，就是藉由黏性（摩擦力）而產生的較差自轉的角動量輸送，和重力能量的緩慢釋放。這個較差自轉的意思，就是隨著每個旋轉半徑角動能都不同的旋轉現象。

接著，當吸積盤在較差自轉的時候，運轉速度不同的氣體就會相互摩擦。當氣體間產生摩擦，運轉速度較快的氣體就會向運

哈伯望遠鏡拍攝到的類星體 3C273 的可見光圖像

圖的左上方是類星體的主體，另外還有一條放射出來的氣流延伸到圖的右下角（NASA/STScl提供）。

動變慢的一方施壓，運轉速度較慢的氣體就會向運動變快的一方施壓，最後使得內側氣體的旋轉角速度變大的話，角動量就會從內側的氣體被傳送到外側的氣體中；接受角動量的外側氣體，此時就會因離心力變大，而將在外側擴大的旋轉角速度縮小，就像這樣經由氣體的角動量往外側移動，使氣體本身往中心降落。

當氣體的內部開始摩擦，就會產生所謂的摩擦生熱的情況。這個經過摩擦產生熱能的根本，原本是重力能量。也就是說，在黑洞的重力場中落下的氣體重力能量，在經過氣體的旋轉運動能量，透過較差自轉，最後轉變成氣體熱能的情形。然後在重力能量慢慢釋放出來的情況下，經由摩擦生熱所產生的熱能就會變成光並放射出來。就像這樣，在黑洞周圍的吸積盤，重力能量會轉換成放射出光芒的放射能量。而且又因為黑洞周圍的重力場特別強，所以放射出來的能量也是不容小覷的。

類似像這種擁有能夠因為黏性而產生角動量輸送構造、和重力能量轉換成熱能的轉變構造的吸積盤，在1973年經過夏古拉（Nikolai Ivanovich Shakura）和蘇尼亞耶夫（Rashid Alievich Sunyaev）的詳細分析，已經成為「標準吸積盤模型」。這個標準圓盤的特徵有以下幾點：（一）圓盤的厚度非常薄；（二）圓盤呈現不透明狀；（三）圓盤的表面有黑體輻射的情形。

那麼，在標準吸積盤中心的黑洞會是什麼樣子的呢？P.156圖是我們用電腦模擬出存在於標準圓盤中心的黑洞影子模擬圖。左圖是沒有旋轉的史瓦西黑洞模擬圖，右圖則是以最大的角動量旋轉中的克爾黑洞模擬圖，兩圖皆以觀測者從吸積盤的旋轉軸仰角80度的位置觀測黑洞。因為也有赤道面的部分從幾何學上來說非常薄、在光學方面來說厚度比較厚的圓盤存在，所以和P.152黑洞的影像的模擬圖所顯示出的長相非常不同。此圖和P.152黑洞的共同點，就是根據黑洞的旋轉效果，影子的形狀會以旋轉軸為中心左右呈現非對稱的狀態。

在此我們先說明一下此圖和P.152計算過的黑洞影子的不同處。P.152的黑洞影子，雖然是銀河系中心SgrA*和橢圓星系M87中央黑洞的模擬影像，但是這些模擬影像和標準吸積盤中心的黑洞影子還是有很大的差別。是哪裡不同呢？其實，在P.152圖的情況下，黑洞周圍的物質密度比標準吸積盤黑洞周圍的物質密度還要小很多，又因為它的密度實在是太小了，所以放射熱能的效率極低，只能放出濛濛的光芒。並且，在P.152圖的情況下，物質的分布情形大致都呈現球狀往外擴散。總括來說，如果黑洞是近乎透明並且以球狀分布、被高溫氣態電漿體包覆著的話，看起來就會像P.152圖一樣，但如果在赤道面上被一層不透明狀的氣體包圍的話看起來就會像下圖一樣。到底哪一個黑洞會先被直接拍攝到呢？讓我們拭目以待吧！

 黑洞和標準吸積盤的模擬圖

標準圓盤中，沒有在旋轉的黑洞。

標準圓盤中，以最大角動量在旋轉中的黑洞。

5. 發現亮度極高的黑洞天體！

　　在前一節中，我們得知透過在黑洞周圍旋轉的氣態電漿體（吸積盤）放出的放射光，可以「觀測」得到黑洞。吸積盤會把氣態電漿體運動的能量轉換為熱能，最後以放射能的形式將能量釋放出來。這個被放射出來的能量，也就是吸積盤的「亮度」，大致來說，取決於兩種物理量，那就是：

　　①黑洞的質量。

　　②提供給黑洞的氣體量——又稱為質量吸積率。

　　若用水力發電廠來做比喻，第一點所代表的就是水壩的深度，而第二點代表的就是降雨量，當兩者的數值都很大時，亮度（發電量）也就會變高。

　　通常黑洞的質量在人類生存的一百年之間幾乎都不會改變，但是落入黑洞的氣體量就會根據天體的不同而有所不同，依照人類的時間來算的話，大約每十秒內到數十秒都會有變化。實際上，我們在調整至今所有吸積盤模型的質量集積率的同時，也成功解釋了許多預備會成為黑洞的天體的亮度情形。

　　但是自從1990年代後期，因為不斷在鄰近的星系中發現「亮得不可思議」的天體，所以只稍微改變質量吸積率就能夠說明天體亮度的情況就已不復存在了，而且這些天體亮度的起源也引發了各式各樣的議論。

　　因為光說「很亮」，很難具體的理解到底有多亮，因此在這裡我們先介紹給大家一個「愛丁頓光度」的概念。愛丁頓光度是指中心天體「向內」施加的重力，和從這個天體放射出來的光「向外」對氣體施加的放射壓平均下來的光度，一般來說被認為是天體所能達到的最大光度（P.158圖）。於是，「愛丁頓光度」就成了天文學中亮度的指標，用「（數字）%愛丁頓光度」來表示天體的亮度。因為愛丁頓光度是依據天體的質量存在的數據，

所以只要知道質量就可以計算。例如，一個太陽質量10倍的星體，它的愛丁頓光度大概就有太陽的30萬倍亮度那麼亮。

這些在1990年代後期被發現的「亮得不可思議」的天體會引發議論的理由，就是這些天體的亮度比中子星的愛丁頓光度還要亮上100倍到1000倍。一般來說，因為中子星和黑洞兩者之間，有非常類似的觀測性質所以很難區別，但是實際上中子星有一個稱作「錢德拉塞卡質量」的質量極限。由於愛丁頓光度和該天體的質量有密不可分的關係，所以比中子星的愛丁頓光度還要大的意思，就等於說這個「很亮」的天體其實就是黑洞的意思。但是，即使拿這些天體的亮度和銀河系中即將成為黑洞的預備天體相比，這些「亮得不可思議」的天體還是要亮上10倍到100倍以上。

因此這些天體被稱為「超高光度X線源（ULX）」，但我們到現在仍不清楚它的真面目為何（右圖）。其實因為這些天體和我們在銀河系內找到即將成為黑洞的預備天體有類似的觀測特徵，因此也被認為是黑洞的預備天體。但是，目前我們仍然無法用既有的理論模型來說明它們的亮度為什麼會這麼亮。

愛丁頓光度概念圖

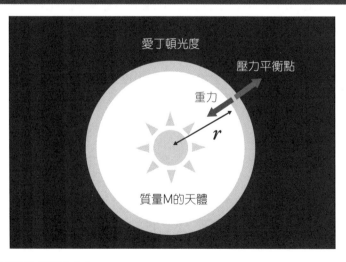

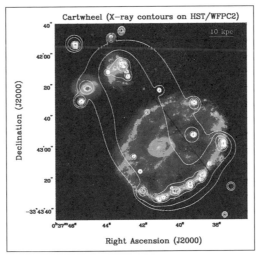

上圖是Gao等人在2003年從錢卓拉X射線天文台對車輪星系的觀測圖。（出處：http://arxiv.org/abs/astro-ph/0309253）這是利用哈伯望遠鏡在可見光的情形下拍攝到的影像與用X射線測得的等高線圖重疊得到的圖像，等高線之間比較狹窄的部分就是ULX。由圖可知在這個星系之中存在著許多的ULX。下圖是星爆星系M82中心部分的觀測圖。（出處：http://www-cr.scphys.kyoto-u.ac.jp/research/xray/press200009/m82_HRC_CentImgMag4.jpg）遠離星系中心的部分有明亮的天體在閃耀。

6. 吸積盤的新範例

從以往的觀測紀錄來看，我們可以得知這些超高光度X線源和在我們的銀河系內發現的黑洞預備天體非常類似；那麼，真的無法將已經有不少成功案例的理論擴大，再來解釋它們的超高光度嗎？

像我們之前提過的，要解釋天體的超高亮度，必須要往以下這兩個方向走。

①當黑洞的質量加大，釋放出的能量也要增加。

②增加提供的氣體量。

在增加質量的理論中，有一個被稱作「中型黑洞」的理論。它的理論如同以下所述：一個擁有恆星質量的黑洞其光度大概是太陽光度的1000倍到10萬倍不等；而被認為存在於星系中心的超巨質量黑洞的光度則是100億倍到1兆倍。由於超高光度X線源的光度就在這兩種情況的正中間，所以我們認為它可能也有一個太陽質量1000倍左右的中型黑洞存在於其中。但是，要形成能夠擁有這樣一個黑洞的大質量星體，不但從恆星的進化理論來說是非常困難的，就算是從以往的觀測成果來看，現在也沒有能夠證明中型黑洞存在的強力證據。

此外，在增加氣體供給量的理論中，有一個不論從外部增加多少氣體的供給量都是有可能的優勢。對於從前的吸積盤來說，如果持續增加質量供給給吸積盤，天體本身就會依照質量的比例產生能量並發光，但如果質量的供給超過一定的臨界點，所產生的能量比起從圓盤釋放，更容易先落入黑洞引起「光子捕捉」現象。這個「光子捕捉」指的是，在吸積盤內產生的光子在從圓盤表面脫逃之前，就先被正要落入黑洞的氣體流一起帶走的現象。因此，由於從吸積盤脫逃的光子數量減少，所以亮度也就會隨之達到頂點。不過，這也是因為它原本的能量就很多所以才

能產生如此大的光量。而這個狀態我們稱之為「超臨界吸積盤（supercritical accretion disk＝Superdisk，slim disk）」。

關於超臨界吸積盤的特徵，以下將有更仔細地說明（下圖）。當電漿氣體的供給量增加時，大致上會發生兩件事：（一）平均通過一單位面積的氣體量增加，使得圓盤內的黏性提高，並造成氣體在旋轉時的角動量降低、離心力變弱，使氣體更容易掉落到中心天體中。（二）由於圓盤內的黏性增加溫度也會隨之上升，使得圓盤內的放射壓成為優勢，因為放射壓是溫度的4倍，所以圓盤內的幾何學厚度便會急驟地增加。另外，由於圓盤內產生的光子不斷反覆進行著散亂、吸收的活動，所以一旦圓盤厚度增加，光子向外脫逃的機率也就跟著降低，最後使得在超臨界吸積流中的氣體掉落的時間比光子逃離圓盤的時間還要快，所以光子會被氣體流吸收，最後被吸入黑洞之中。

標準吸積盤模型與超臨界吸積盤模型

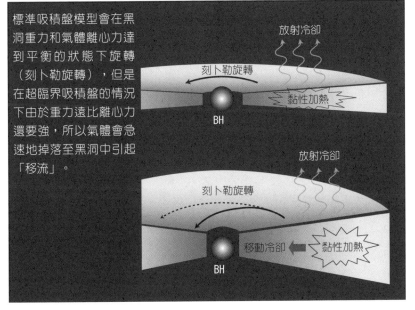

標準吸積盤模型會在黑洞重力和氣體離心力達到平衡的狀態下旋轉（刻卜勒旋轉），但是在超臨界吸積盤的情況下由於重力遠比離心力還要強，所以氣體會急速地掉落至黑洞中引起「移流」。

像這種現象引發的臨界吸積率，會成為愛丁頓光度的吸積率程度。也就是說，超臨界吸積盤所指的就是，氣體吸積率比起相當於愛丁頓光度的吸積率還要大、甚至超過圓盤的狀態。在這個超臨界吸積狀態下的圓盤，理論上它有可能呈現愛丁頓光度10倍左右的亮度。

世界上最早提出這個「超臨界吸積狀態的圓盤模型」的是吸積盤理論的專家馬雷克·阿布拉莫畢茲等人，他們在1988年發表了一篇名為「Slim Disk」的論文，不過可能是因為他們提出的理論沒有相對應的天體，所以一直到90年代後期幾乎都沒有受到重視。但是自從2000年左右開始，對於明亮天體的觀測逐漸盛行，一直到最近大家才終於開始認識到他們提出的模型。筆者群們對於在2001年時，看到這個模型和超大光度X線源相互對照之下，這個模型的預測和觀測特徵驚人的相似度還記憶猶新！並且對於這個在十年前還不被任何研究人員搭理的模型，現在卻受到眾所矚目感到非常有興趣。

接下來要講的只是雜談。我們作者群中的渡會先生，2006年8月在捷克的布拉格所舉辦的國際會議中遇見阿布拉莫畢茲博士的時候，直接請教了有關這個「Slim」名稱的由來。根據博士的回答，他們以前研究的是幾何學中厚度較厚的圓盤「吸積環」，但是自從這個圓盤變「薄（Slim）」後，他們就稱之為「Slim Disk」了。渡會先生還說，當時能夠在國際會議中直接向阿布拉莫畢茲博士請教這個名稱的由來，真的非常幸運（當然也非常地緊張）。

7. 觀測光譜的比較與將來

　　超臨界吸積盤的優點在於，在吸積盤理論中只需要自然地擴張就能產生很高的亮度，以及它能夠用來說明好幾個超大光度X線源的觀測特徵。例如，在不規則星系IC342之中的超大光度X線源，當在亮度很亮的狀態下觀測得到的溫度也就很高，放射出X射線的規模就會變小；反之，當在它的亮度很暗的狀態下觀測得到的溫度也就會下降，放射出X射線的規模就會偏大。像這樣的觀測特徵，和Slim Disk的特徵是完全一樣的。

　　另外，被稱為窄線西佛1型星系的一個擁有活動星系中心核的天體光譜，也有和超大光度X線源類似的特徵。這個部分如果用以前的標準圓盤模型也是無法說明的，但是如果用Slim Disk模型，就能重現軟X射線（低能量的X射線）的觀測光譜。

　　除此之外，在我們的銀河系之中，有一種被稱作微類星體，含有黑洞的聯星天體（下圖）。這個微類星體和遠方的類星體有

　　微類星體模擬圖

MICROQUASAR

出處：http://www.spacetelescope.org/goodies/posters/screen/micro-quasar.jpg

非常類似的特徵，但因為它的質量（以及規模）大約只有類星體的一百萬分之一（「微」即等於百萬分之一的意思），所以稱之為「微類星體」。其中特別有名的是一個被命名為GRS1915＋105的天體，它在突然亮度加強的時候（我們稱之為爆裂），亮度可以達到愛丁頓光度的程度，並且在光度最大的狀態時可以觀測到我們預測的準週期的震動現象，所以被認為是達到超臨界吸積的狀態。另外，也有一個被命名為SS433的微類星體，從二十多年以前就被觀測到有噴發出光速26％的氣流，從該氣流的能量來看也被推測為到達超臨界吸積的狀態（參照下一章）。

我們對於這個超臨界吸積盤模型仍然還有很多不明白的地方，其中之一就是關於吸積盤的幾何厚度會在觀測時如何顯示的問題（右圖）。就像先前提到過的一樣，當質量供給量增加，由光造成的壓力便會增加，此時幾何圓盤的厚度就會變厚。如果從旁邊看到幾何很厚的吸積流，就代表在這個明亮、高溫的黑洞身旁，圓盤自己本身很有可能因為被自己的幾何厚度遮蔽而看不到，在這個情況下，即使已經達到了超臨界吸積的情況，看起來還是會很暗。若將這個情形反向思考，說不定像這樣被藏起來的天體還有很多存在這個宇宙之中。像這樣的效果在今後研究明亮天體的時候，不但扮演著很重要的角色，也會對黑洞的宇宙論進化帶來影響。

再者，關於從超臨界吸積盤吹來的風、或是被擠壓到很細的氣流是如何形成的？另外，這麼多的氣體到底又是從哪裡來的？是如何供給給天體？等等問題，對我們來說都還是個謎。不管是物理宇宙學家還是天文學者，需要他們解決的問題還像山一樣高呢！

除了這次我們提出來的一些學說之外，還有依據氣流的相對論效果可以讓天體看起來很明亮的理論可以用來說明。另外，當然也有用理論模型完全無法解釋的觀測結果；而這些問題都必須

和將來的觀測互相對照再套用理論解釋。2004年7月日本發射了一枚X射線望遠鏡「SUZAKU（朱雀）」，自此我們便可以收到高準確度的觀測資料。而且，就連理論家也無法不顧觀測結果自顧自地研究了。相信我們在不久的將來，就可以直接從比較觀測光譜和理論模型，解開超大光度X線源和微類星體的起源！

微類星體模擬圖

(1)

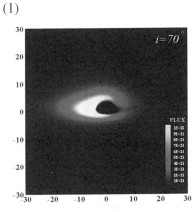

(2)

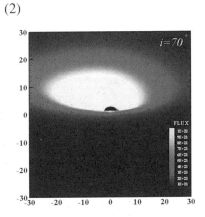

(3)

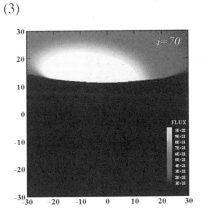

從（1）到（3）分別為質量吸積率各提高10倍的圖。當質量吸積率提高，整體就會變亮，因為吸積圓盤的厚度增加，從中心散發出的光芒會被圓盤的邊緣遮住，而傳達不到觀測者眼中。

6. 光速氣流最前線

大須賀健（理化學研究所）、加藤成晃（筑波大學）、福江純（大阪教育大學）

1. 相對論性噴流之謎

　　宇宙很容易讓人誤以為只是一個廣大的空間裡存在著許多閃亮星星的安靜世界，但是實際上宇宙中也存在著非常劇烈的活動，其中特別劇烈的現象就是「相對論性噴流（Relativistic jet）」。一般只要提到jet，通常就會想到日常生活中比較常提到的噴射機，但是在這邊我們希望大家先想像一下消防車噴水的水柱。從細水管的水管口噴出的強力水柱，違反地球的引力，如果

宇宙中的相對論性噴流現象（NRAO/AUI 提供）

Radio Galaxy 3C296
Radio/optical superposition
Copyright (c) NRAO/AUI 1999

這是在銀河（位於中央的圓形天體）中心部發生的相對論性噴流現象（左上方和右上方）。就連銀河都被撞破，噴向遙遠的宇宙。

是不太高的建築，水柱還可以直接噴到屋頂！在宇宙中，也有像噴水口會違反引力原則強力噴出物質（氣體）的現象。像銀河的中心部就是其中一個例子（左圖）。這個從不到銀河大小一億分之一的地方噴出氣流，衝破了銀河，噴到比銀河大小還要大上一千倍距離的地方。如果用剛剛的消防車來比喻這個例子的話，就像是從大約只有5公分的出水口噴出的水，可以噴射到從地球到月球距離10倍的地方！這樣大家應該可以了解，這是多麼激烈的天體現象吧！

　　宇宙中出現的相對論性噴流現象，是從剛形成不久的星體、星體進化形成中子星或黑洞的周圍、擁有大質量黑洞的星系中心核，高速噴出細長、雙向物質（電漿氣流）的現象。這個相對論性噴流現象其中也不乏以光速噴出的「光速氣流」，也有噴出後可以貫穿星系的巨型氣流，所以算是最顯眼的天體活動現象之一。自從1918年Curtis從橢圓星系M87延伸出的一條光線發現了可以看見的相對論性噴流，關於光速氣流是如何能夠噴發、它的發射台構造又是如何等等，對於相對論性噴流的各種謎題到現在也都還沒有解開。在這裡，我們將會介紹一些關於最新的相對論性噴流研究狀況給大家。前半部主要針對經由光力量加速的氣流，後半部則是針對由磁場力量加速的氣流作介紹，但首先我們先介紹一些可以看到相對論性噴流的觀光景點給大家。

2. 相對論性噴流觀光景點介紹

　　我們最推薦的景點，就是位在處女座橢圓星系M87延伸出的光速氣流（P.148下圖）。它是受到電子在磁場中高速運動情況下所引起的同步加速放射影響，使氣流放射出電波、光線、X射線等各種波長的電磁波。

　　接著要推薦的是位於白鳥座電波星系白鳥座A的光速氣流

（下圖）。當雙極氣流的尖端和星系物質相互衝突後，產生模模糊糊的兩個眼球狀雲層。大部分的光速氣流都被認為應該是長成這個樣子的雙極流構造。這些活動星系產生的光速氣流，都已經大大超越了星系的大小，大概已經過了100萬光年才分開成現在的樣子。

　　光速氣流的規模隨著時間還會再變小很多，不過在銀河系之中還是發現了很多像這樣的光速氣流。例如，因為看得到稀有的

電波星系白鳥座 A 的電波圖像

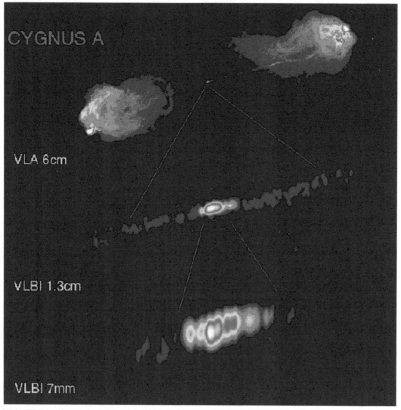

這個圖是已經從中心部擴大過後的模樣，最上方的圖像直徑大約是100萬光年左右，最下方的大概是只有經過幾光年的規模。（出處：http://www.mpifr-bonn.mpg.de/public/science/cyga.html）

螺旋狀構造而非常有名的氣流——特異星SS433氣流（下圖）。我們認為它的螺旋構造應該是在光速氣流噴出後經過不斷旋轉而造成的模樣，另外我們也得知SS433的氣流速度是光速的26％。在這個SS433中心，很有可能是存在著黑洞和普通恆星構成的聯星，才會使得光速氣流從黑洞的身旁噴出。

最近，陸續又發現了一些類似這個SS433氣流的天體，例如名為GRS1915+105的X射線星體等等都是這一類的天體。GRS1915+105氣流速度高達92％光速，這可能是因為中心有黑洞聯星的緣故吧！所以現在，我們通常都把這些像是SS433或GRS1915+105等，可能因為內部含有黑洞的X射線聯星才會就近從黑洞旁噴射出光速氣流的天體稱為「微類星體」。

如同上述，氣流可以說是一種非常值得一看，存在於活動星系中心、X射線星體、原生原恆星等等各式各樣地方的宇宙觀光景點。而且，如果所有的氣流都是用共通的物理構造原理噴出的話，那豈不是非常驚人的發現嗎？

微類星體 SS433 氣流

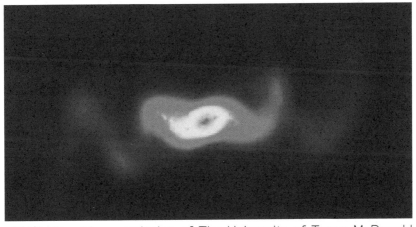

（出處：Used by permission of The University of Texas McDonald Observatory）

3. 相對論性噴流發射台

　　光速氣流的能量來源，是受到黑洞重力吸引累積物質的重力能源。研究人員將這些物質往中心天體降落並集積形成圓盤狀的天體稱為吸積盤（參照第二部「黑洞軌跡與新模型」），並認為這個吸積盤就是氣流的發射台。那麼，氣流要如何從吸積盤中噴出呢？大家或許也會懷疑，這些掉落下來的物體怎麼可能會在中途改變方向，最後變成比星系還大的氣流？不過其實，它就像是一邊從高處落下，一邊加速滑行的雲霄飛車一樣，在滑行的途中還會往更遙遠的上空飛去。

　　這個結構實際上只是巧妙地運用了「能源分配」的單純技巧而已（下圖）。雖然說要讓整台雲霄飛車飛到天空是不可能的任務，但是如果將整台雲霄飛車的能源集中在特定部分的話，就有可能將其中一輛雲霄飛車彈開送往天空。相對論性噴流也是運用同一種手法，它只要有一個能夠集中分配氣體物質掉落到中心黑

氣流的發射結構圖

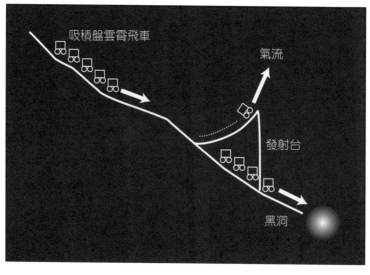

吸積盤雲霄飛車

氣流

發射台

黑洞

洞的重力能量構造，就有可能將一部分的能量用光速氣流的方式噴出。像這樣把掉落集積的氣體物質的重力能量轉換成光速氣體動能的構造，就是發射台「吸積盤」的功能。關於光速氣流的研究，主要就是為了解開這個構造的祕密。但是，不論是吸積盤或是氣流的內部構造，都因為它們實在是太小而難以看見，所以關於氣流發射台的構造和氣流流動方式，到現在我們都還不是很清楚。現在研究人員最希望的，莫過於解開其中一項謎題吧！

4. 光線偉大的力量

接著我們要試著了解的問題是，相對論性噴流是基於什麼樣的力量所引起？消防車噴出水柱是運用水的力量（水壓）；而為了製造出比消防車水柱力量還要更強大的相對論性噴流，目前被認為最有可能的選項就是光線的力量（放射壓）和磁場的力量。以下的第四節到第六節，我們將從光線力量製造出的放射壓噴流開始說明。

在流動的水池或河川裡，水會受到水流的影響而受力。同樣的，當空氣流動的時候（當風開始吹的時候）就有力量在運作，像風車會動就是這個道理。但是，當我們說到光線力量的時候，大家說不定還是一頭霧水吧！實際上，當我們被太陽光線照射到時也只會覺得溫暖，而感受不到其它的力量存在，這是因為光線力量非常小的緣故。但是，如果太陽亮到現在無法相比的程度，光線的力量就會變成像風一樣的運作，當我們要往太陽的方向行走時，也就必定需要極大的腳力（P.173上圖）。如果此時在宇宙有超強力的光源，光線的力量就會製造出所謂的相對論性噴流。

那麼，製造出氣流的光源又是什麼呢？首先我們想到的是星體，但是只要稍微計算一下就知道，星體的光線是完全不夠的。既然如此，難道就沒有更有效率的發光天體了嗎？答案就是之前

我們已經解說過的吸積盤！吸積盤是宇宙中最好的重力發電所，即使體積非常小也能夠發出亮度非常高的光芒。相對論性噴流就是在黑洞、中子星、原恆星等等吸積盤會存在的各種天體中發現的。

5. 愛丁頓光度以及超臨界吸積盤

不論是擁有什麼樣的力量，只要無法贏過中心天體的重力就不會產生噴出現象。在消防車的例子中，水柱最終會輸給重力而將水灑下來；但是即使如此水柱在噴出的瞬間力量還是贏過重力，因此才能朝著上空噴出水。同理，即使吸積盤是多麼強力的發光體，當它輸給中心天體的重力時，相對論性噴流也同樣不會發生。既然如此，到底要多亮才會贏過天體的重力呢？我們將這個會贏過天體重力的界線，稱為「愛丁頓光度」。愛丁頓光度和中心天體的質量成比例，舉例來說，太陽的愛丁頓光度是現在太陽光度的3萬倍。

如果天體的光度比該天體的愛丁頓光度還要暗的話，重力就會贏過光線的力量。相反的，如果愛丁頓光度比較亮的話，光線的力量就會凌駕重力。因此，要是吸積盤的光度比起由中心天體質量決定的愛丁頓光度還要亮，就會引發相對論性噴流的噴出現象。另外，因為吸積的氣體越多吸積盤的光度也會越亮，因此在有大量氣體集積的吸積盤上很有可能會產生放射壓噴流。

到此大家可能覺得已經解決了關於相對論性噴流的問題，但是事實上，問題並非如此容易解決。會這麼說是因為，吸積盤本來就是一種氣體受到中心天體重力吸引所形成的氣體圓盤，並且還會掉落到中心天體上的現象。所以當光線的力量大於重力，基本上重力也根本無法吸引氣體到中心天體，更不用說還能夠形成最重要的吸積盤了。所以真的令人相當困擾。

光線的力量

當我們受到光線的照射，光線的力量（放射壓）就已經在運作了。如果太陽比現在的太陽還要亮上好幾倍，往太陽方向行走就會變得困難，就像是面對著光線的風行走一樣。

超臨界吸積盤（藍色）以及噴流（黃色）

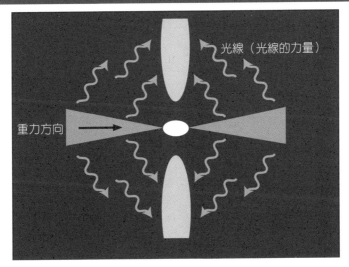

光線（光線的力量）

重力方向

即使圓盤達到愛丁頓光度，只要光線朝向圓盤的上下方，氣體就不會被圓盤妨礙導致無法落下；因此還可以形成上下兩組的放射壓噴流。

因此我們必須想出，同時讓中心天體的重力吸引氣體形成吸積盤，又能讓達到愛丁頓光度的光線力量吹走氣體，這種看起來互相矛盾的現象但卻又能夠同時實現的解決方法。但是真的有辦法嗎？其實這也是能否形成放射壓噴流的關鍵。其中一個能夠讓兩方同時成立的可能性，就是「超臨界吸積盤」（詳細內容請參考第二部黑洞軌跡與新模型）。透過吸積盤，大量的氣體能夠降落在中心天體中，此時，圓盤的光度會超越愛丁頓光度。就讓我們假設大部分的光線會聚集在圓盤上方，或者是下方吧！如此一來，光線的力量主要就會朝向圓盤上方和下方引發氣體噴出，反而是氣體落下的圓盤方向不會有任何反應；這也就是代表圓盤不會妨礙氣體掉落的意思（P.173下圖）。另外，在這樣的圓盤理論中，圓盤能夠在上下方產生兩組相對論性噴流，這一點在吸積盤會產生噴流的理論中也相當具有說服力。

6. 放射壓加速噴流的多次元放射流體模擬試驗

　　實際上，要研究超臨界吸積盤以及從超臨界吸積盤產生的放射壓噴流並不是那麼容易的事情；這是因為，必須要同時對圓盤和噴流這兩種本質上完全不同物理狀態的兩種物質進行研究並不容易。因此，以前是以圓盤和噴流分開個別進行研究為主流。

　　當研究的主題變成像圓盤和噴流這種複雜的系統時，就已經不再是光用紙和筆就能夠解開的問題了。像這樣將這種複雜的方程式交給電腦分析、解決的研究手法，就是電腦模擬法。換句話說，所謂的電腦模擬法，就是在電腦中模擬出宇宙的狀況，並且試著將種種謎題解開。但是，在研究放射壓噴流的時候，必須要具備在流體和重力效果上再加入放射輸送功能的「多次元放射流體模擬器」。由於這個系統非常複雜而且需要龐大的記憶容量和計算量，所以在從前，就算是用了電腦都還是非常困難；不過由

於近年電腦技術不斷進步，因此在最近終於能夠成功運用電腦進行電腦模擬研究了！以下我們要介紹的是大須賀先生研究團隊的研究狀況。

　　大須賀先生等研究人員，先將圍繞在黑洞周圍非常薄的一層氣體擴散狀況設定為數值計算的初期條件（下圖）。這裡所說的初期條件，指的是我們在利用電腦開始進行計算的時候（人類決定的假定狀態）。之前我們就已經提過，當圓盤的光度超越愛丁頓光度時，氣體就有可能會被光線的力量吹開，導致圓盤根本無法形成。此外，假使圓盤真的可以形成，也無法產生超臨界吸積流，而有可能形成偶爾會有一點點氣體落下的圓盤。如此一來，

電腦模擬出的最初狀態

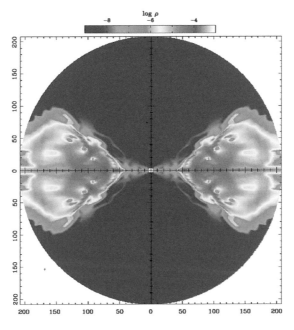

這是從側面觀察旋轉流入黑洞（圖中心的白色圓圈）的氣流的橫切面圖。圓盤的赤道面通過中心點往水平方向的兩旁擴散著，垂直方向則是圓盤的旋轉軸。色彩的分配則代表了各個部份密度的大小。

當然也就無法形成放射壓噴流了。大須賀先生等人之所以沒有將超臨界吸積盤設定為初期條件，就是要避免將初期條件設定為容易發生放射壓噴流的情況。於是，他們從遠方慢慢地讓些許的氣體流入，再接著調查是否能夠因此而形成超臨界吸積盤，以及是否會發生放射壓噴流。

　　如下圖，這是電腦模擬的最後狀態。此圖所表示的是從側面觀察到的超臨界吸積流以及噴流的橫切面圖，位於中心位置的是

電腦模擬器模擬出的最後狀態

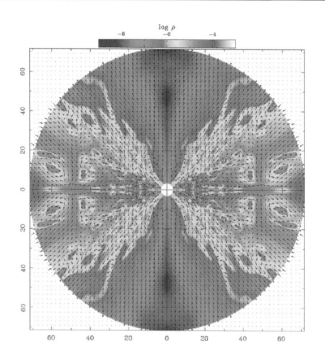

此圖是從側面觀察旋轉流入黑洞（圖中心的白色圓圈）的氣流的橫切面圖。圓盤的赤道面通過中心點往水平方向的兩旁擴散著，垂直方向則是圓盤的旋轉軸。灰階的分配代表了各個部分密度的大小，箭頭則代表了氣體流動的方向和速度。根據此放射流體模擬試驗，我們以夠完美重現超臨界吸積流（在赤道上下方擴散的灰色區域）以及放射壓噴流（朝縱軸方向延伸，從黑色到淺黑色的區域）。

黑洞。由圖我們可以得知，通過中心點傾斜45度角的部分，全體大概分成兩個區域，也就是指密度非常高的圓盤部分（赤道面區域），以及放射壓噴流區域（旋轉軸方向）。

請注意圓盤的部分，從圖的狀況我們可以得知，整體來說赤道面的區域密度較高，隨著離開赤道面的距離越遠密度則逐漸降低，但是密度並非平整地往外逐漸降低，而是在各處都有像漏洞一般的構造。此外，氣體流動的方向也很複雜，並不是直接朝著黑洞掉下，而是像漩渦一般地在進行亂流運動。

另外，旋轉軸附近的放射壓和圓盤部分不同，此處的放射壓大於重力，因此才會發生放射壓噴流。放射壓噴流的密度，比圓盤的密度還要低，所以若它的流動方向是垂直向上，還不如說是從黑洞往外呈放射狀。而且，圓盤和噴流的分界處，看起來就像是圓盤表面起波浪的樣子。由此可知，圓盤的構造相當複雜，就連噴流也不是完全垂直的噴出。就是因為它是這麼的複雜，才不愧是經過多次元放射流體模擬器首次得到的成果。

我們剛剛已經介紹過了圓盤和噴流的構造，但其實超臨界吸積盤之所以會形成、放射壓噴流之所以會發生這些事情本身，並不是理所當然的事情。根據大須賀先生等人的計算結果，我們可以知道，通過圓盤部分的大量氣體會被黑洞吸收，也就是說，超臨界吸積盤是有可能形成的。它所產生的光亮比起往圓盤的赤道方向前進，其實是往圓盤的上下方向前進，所以即使整個圓盤的光度超越了愛丁頓光度，圓盤區域的放射壓還是不會超過重力。另一方面，圓盤的上空因為有受到往圓盤上下方前進的光線影響，而形成了放射壓噴流。集積的氣體重力能量，則透過放射壓分配了一部分的氣體動能而產生了噴流。我們經由大須橫先生等人的研究結果，證實了這個放射壓噴流的產生過程是可能發生的！

7. 磁場的力量也是偉大的！

　　光速噴流，是用同步加速器放射產生光亮。所謂的同步加速器放射，是電子在磁場中高速運動時所產生的物質，所以磁場可以說是形成宇宙噴流的重要構成要素之一，也是讓噴流加速的重要角色。而且，如同以下我們要說明的一樣，磁場能夠讓噴流加速，是因為磁場中有能夠使噴流噴出並且加速的力量。以下，我們要介紹的就是透過磁場的力量可以使噴流加速的形成構造。

　　首先，先說明一下關於磁場的力量。當同極的磁石接近時，兩個磁石就會產生相互排斥的力量；反之，當兩個不同極性的磁石接近時就會產生相互吸引的力量。這是因為包覆在磁石周圍的磁場受到壓力或張力作用的影響（下圖），而壓力和張力磁場的作用就像是一根擁有像橡皮筋一般性質的鐵絲。如果吸積盤有非常強烈的磁場的話，吸積盤本身就會因為磁性壓力和磁性張力的運作影響氣體集積的運動，並且被認為可能因此噴出光速噴流。

磁場的力量運行狀況

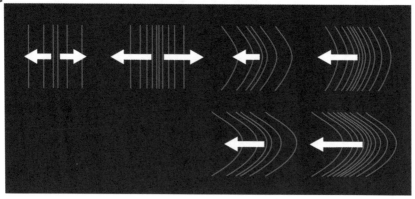

磁場的力量（箭頭方向）分成磁性壓力和磁性張力兩種。磁性壓力指的是磁力線（紅線）間相斥的性質，磁力線越多代表磁力越強；而磁性張力指的是磁力線收縮的性質，這裡也是磁力線越多代表磁力越強，此外磁力線越彎曲代表著它的磁力也越強。

8. 圓盤磁場以及磁性吸積盤

　　吸積盤會因為重力能量轉換成熱能而使得溫度上升變成高溫狀態，所以氣體跟著產生電離現象，粒子團變成帶電狀態（帶電粒子），也就是變成電漿狀態的物質。

　　當包含在電漿中的帶電粒子開始運動（電流開始流動）就會產生磁場，帶電電粒子流越強，其周圍就能產生越強的磁場。吸積盤若內部變成電漿狀態，會產生磁場也不是不可能的事情。然而，只要黑洞強大的重力能量轉換成圓盤磁場的磁性能量，或許就能夠因為磁力而使光速噴流噴出。

　　當磁力線貫穿吸積盤，角動量就會受到磁場的影響而被運送出來，物質便會在黑洞周圍旋轉並掉落至黑洞中（P.180圖）。而受到其牽引的磁力線，也會像被捲軸捲起的釣魚線一樣變成捲起的迴旋狀，導致貫穿圓盤磁力線的數量增加而使得磁力變強。換句話說，重力能量會轉變成圓盤旋轉運動的動能，並且變成旋轉的螺旋狀之後變換成有磁性的能量。

　　當磁場變強，螺旋狀磁力線旋轉的狀況就會變得更緊密，因而使得磁場再自動增幅。但是，即使是磁場的自動增幅機能也是有限度的。這是因為，當磁場變得太過強時，磁氣的黏性就會逐漸失效，使得磁場無法再繼續增強。我們認為就是因為有像這樣的磁氣黏性和磁場增幅作用，才能夠使圓盤磁場的強度保持在一定的程度。

　　那麼在這樣的狀況下，真的能夠依賴圓盤的磁場使噴流噴出嗎？關於這個問題，我們接著就繼續解說，用圓盤增幅磁場讓噴流加速的方法。

9. 磁力加速噴流的最新磁氣流體模擬試驗

　　這種經由磁力使得噴流加速噴出的結構，大致上主要分成兩種：第一種是插入吸積盤的磁場由於被圓盤帶動旋轉，使得磁場在離心力運作之下加速，使電漿體沿著磁力線噴出的結構狀況（下圖a）。這是強烈磁場運用它所擁有的一種像很堅硬鐵絲一樣的性質，引起的磁氣離心力加速模型。

　　另一方面，在磁場比較弱的時候，磁力線也會被圓盤的旋轉運動帶動變成螺旋狀，磁場也會因而增強。在這樣的狀況下，磁場的壓力（磁氣壓）會不斷加大，最後形成被擠壓上去的電漿從

圓盤磁場以及磁氣吸積盤

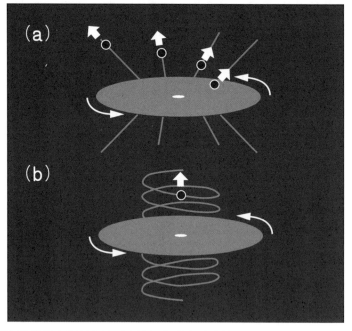

受到插在吸積盤中的磁力線（實線）的磁力（去掉白色的箭頭標誌）加速的兩種模型圖。加速後的電漿用黑點表示。圖（a）是受到磁場影響將電漿氣體拋出的磁氣離心力加速；圖（b）是受到磁場的壓力使得電漿氣體被擠壓出去的磁氣壓加速。

圓盤噴出的結構狀況（圖b）；這是利用磁場擁有的一種像彈簧一般的彈力性質，引起的磁氣壓力加速模型。

　　像這樣子，磁場因受到電漿運動影響時而集中、拉長或彎曲，使得磁場強度有所變化的結果，磁氣壓和磁氣張力的作用會使得電漿的運動情形改變，我們稱這樣的電漿流為「磁氣流體」，而太陽和吸積盤就是這種磁氣流體的代表。運用電腦來預測磁氣流體的運動情形、分析時時刻刻都在變化的電漿和磁場的運動狀況，就是所謂的「磁氣流體模擬試驗」。也就是說我們可以配合研究目的，預先設定黑洞周圍的電漿分布情形和磁場構造情形，藉由實施磁氣流體模擬試驗，驗證噴流是否真的能夠因受到磁力影響而噴出。

　　在從前的磁氣流體研究中，都是從初期，聚集成噴流大小一般長條狀的磁場，貫穿吸積盤的狀況開始進行模擬試驗。經由實際運算，磁力加速的噴流也的確會噴出，但是我們還是不明白最初設定的單純長條狀磁場會形成的原因。最近，我們開始從更複雜的磁場構造計算階段開始進行模擬試驗。例如在星體我們就設定成雙極子磁場，在黑洞周圍的吸積盤，我們就設定為圓盤內部的磁場狀況（P.182圖）。

　　在這樣的初期條件下，比起原本設定的噴流研究來說，更被廣泛使用在研究星體或是調查流入黑洞吸積盤構造的初期設定條件當中。以磁氣力加速噴流的研究趨勢來說，已經到達了可以取吸積盤和噴流兩方的動力學中最大規模數值來進行模擬試驗的時代了。以下要介紹的是在最新磁氣力加速噴流研究之中，由筆者之一的加藤先生正在進行的最新研究成果。

　　由於「百聞不如一見」，一開始我們就來看一下顯示出模擬成果的電腦繪圖（P.183圖）。圖中為了清楚表示出從吸積盤中噴出的光速噴流，而將電漿的密度（圓盤狀的藍色區域）、磁力線（像白色繩子一般的線條）以及電磁能量的流動情形（往上

中子星（左）以及黑洞（右）周圍，吸積盤和磁場的模樣

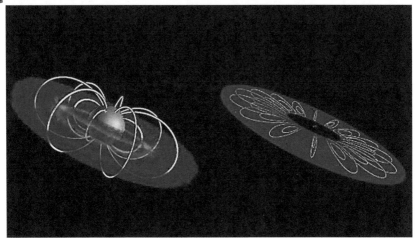

為了讓大家可以看清楚中心的狀況，所以把圓盤用半透明狀的方式呈現。

下延展的綠色區域）用視覺化的方式呈現；密度高的吸積盤呈現藍色，放出電磁能量的噴流則呈現綠色。噴流的速度大概從光速的10％到50％不等。除此之外，在電腦模擬試驗中重現的噴流長度，已經達到黑洞半徑的數百倍，我們期望到下個世代的時候就能利用電波望遠鏡直接觀測到它。透過電腦模擬，我們已經證實了就連複雜的磁場構造，也能噴出磁氣力加速噴流。

　　在噴流內部看到不斷纏繞的磁力線構造是這個噴流的特徵。這個磁力線是從噴流底部的核心開始延伸，並且會不斷捲曲再回到噴流底部的邊緣。如此讓噴流加速的磁場呈現環狀構造的模樣，我們稱之為「磁塔構造」。磁塔構造是中心天體或吸積盤周圍比較弱的磁場，受到圓盤內部磁氣相互作用影響而產生強烈磁場後浮出吸積盤而形成。經由加藤先生等人的研究，我們可以得知，它和從前我們用長條形磁場計算出噴出的噴流不同，它是從吸積盤上空自然形成的磁塔構造噴出的噴流。

中子星（左）和黑洞（右）周圍，從吸積盤噴出的噴流模樣

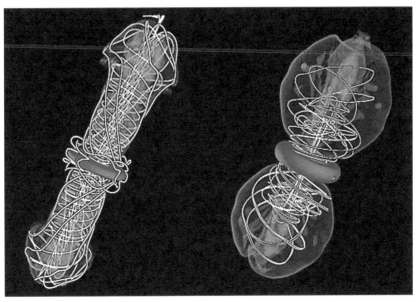

10. 研究光速噴流的最新消息

　　如果要舉出研究光速噴流中最重要的課題，我想那會是分析噴出噴流所需的物理條件。雖然在宇宙四處都存在著放射現象和磁場，但是讓光速噴流噴出並且又使它加速的到底是誰？我們都還必須找到最後的解答。為了找到解答，首要任務就是要仔細的計算，在電腦模擬試驗中得到噴流中電漿的放射數據，並且預測我們要如何運用觀測儀器去觀測它。也就是說，我們必須要先調查觀測放射力加速噴流和磁氣力加速噴流的方法，並且想出辨別這兩者的辦法。但是不論是放射力加速噴流還是磁氣力加速噴流都各有優缺點，說不定兩者都是不可缺少的要件。

　　此外，身為噴流發射台的吸積盤，為了對應集積物質的數量而有各式各樣不同的形態，而控制吸積盤形態變化的重要物理

過程就是放射輸送。舉例來說，微類星體的吸積盤會讓放射狀態有時候處於優勢，有時候又處於非優勢狀態不斷變化的循環中。令人驚訝的是，隨著吸積盤的狀態不斷變化，從微類星體噴出的噴流並非速度會從次光速轉變成光速，而是變成逐漸無法噴出噴流。像這樣的光速噴流研究，在吸積盤的磁氣流體模型中加入設想過的放射過程是非常必要的。簡單來說，研究光速噴流最優先的課題，就是吸積盤和噴流的「放射磁氣流體研究」。

如同以上所述，光速噴流是電漿、磁場以及放射場中擔任主角的宇宙大秀。為了釐清融合各種複雜物力過程的天體現象，從今以後，相信各種的電腦模擬研究都會變得更加重要吧！甚至還會需要做到比現在還要更大規模的模擬研究呢！將來應該也會需要電腦演算處理能力比現在更高、更高速的超級電腦吧！當然，將來我們還是需要各位研究人員日以繼夜不斷努力的腦力激盪，並且抱著很大的勇氣面對各種問題，才能早日解開光速噴流的謎題！

7. 通往銀河盡頭之路

谷口義明（愛媛大學）

1. 目標，直到銀河盡頭為止

①走向銀河天文學之路

　　我開始研究星系的時候，大概是1980年代左右。當時我在岡山天體物理觀測站用口徑188cm的反射望遠鏡（下圖）和野邊山宇宙電波觀測站用口徑45m的電波望遠鏡（P.186圖）等等不像現在那麼先進的望遠鏡，就已經非常快樂地在進行我的研究了。那時正是我開始走向我所嚮往的星系研究之路的開端。雖然我研究得很開心是事實，但是時間還是會變動的。

國立天文台 岡山天體物理觀測站

左圖是岡山天體物理觀測站的全貌。左上方是含有口徑188cm反射望遠鏡的圓頂觀測站。

右圖是口徑188cm的反射望遠鏡。（國立天文台 岡山天體物理觀測站提供）

研究星系，也就是朝著一個究極的目標前進；而這個目標不是別的，正是以釐清「銀河的形成和進化」為目的。如此一來，研究就不能只是有趣而已，我希望能夠拓展銀河研究進入一個新領域，這就是所謂的研究員症候群。雖然從此以後我們將面對的是充滿荊棘的困難之路，但是即使如此，我們還是得朝著新目標邁進，這就是研究員的生存之道！

②通往研究星系之路

進入80年代後期以後，各國開始使用加入CCD相機做為檢驗器的口徑4m可見光望遠鏡。至此之後，國外和日本的差距日益加大，就連一向比較遲鈍的我都開始感覺到「這下糟糕了」，並且也開始覺得我們不開始改變想法是不行的。

 國立天文台 野邊山宇宙電波觀測站

除了口徑45m的電波望遠鏡（右圖）之外，還可以看到另外有兩台口徑10m的電波望遠鏡。（國立天文台野邊山宇宙電波觀測站提供）

剛好就在此時，川良公明先生（現在任職東京大學）邀請我一同加入紅外線觀測的行列，也就是用從波長1μ（微米）到2μ的近紅外線觀測銀河。雖然對於現在的研究來說可能沒有特別區別可見光和近紅外線的觀測差異，但是在當時兩者間是有很大差別的！至少對我來說這是非常有新鮮感的研究方法。

　　然後，為了用紅外線觀測星系，我們甚至出發到位於南美洲的智利，那時我們造訪的是美國國立光學天文台之一的塞羅托洛洛天文台（下圖），並以近紅外線分光來觀測星系。雖然說是分光觀測，但也只是使用對於當時來說是最先進、能把光線區分成8種類的分光器而已。但是，那樣的裝置卻有非常優越的性能，它用很有趣的方式重新取得了由荷蘭、英國、美國發射的全天偵查型紅外線天文台IRAS（InfraRed Astronomical Satellite）發現的紅

美國國立光學天文台：塞羅托洛洛天文台

在左邊最大的圓頂建築中，放置著口徑4m的反射望遠鏡（NOAO提供）。

外線星系觀測資料。看到這樣的結果，我不由得說出：「這真是太神奇了！」

至此之後，我清楚地了解到接觸研究新領域的重要性。

負責大部分星系紅外線放射的是星際塵埃（星塵粒子）。這些塵埃在太空中被星體等物體加熱，再把吸收到的能量用紅外線的方式再放射出來。這些塵埃和氣體有很強烈的相關性，並且也和星體的誕生以及進化有很密切的關係，也就是說，氣體握有在星系中大規模星體形成的重要成分。由於氣體也參與了之前的可見光分光觀測，所以我以前並沒有特別留意它；簡單來說，就是雖然知道它的存在，卻沒有特別針對它去研究。但是，經由這次在紅外線觀測中得到的新體驗，我能夠深深體會到對宇宙進行紅外線觀測的重要性。

IRAS 的 Logo 標誌以及 IRAS

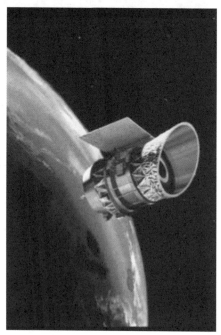

③紅外線天文學

　　當你一旦接觸到紅外線的世界之後，就會像上癮一樣；而這次我接到的工作是關於歐洲發射的紅外線太空觀測台（ISO：Infrared Space Observatory）的工作，此時已經進入了90年代。

　　雖然利用紅外線的觀測工作非常有趣，但是另一方面來說，卻也是相當困難。例如在觀測中，我們還必須要和會把紅外線吸收掉的地球大氣，以及從望遠鏡和觀測裝置產生的熱噪聲對抗。在地上的天文觀測台可以做到的近紅外線觀測是最好的位置，當波長超過5μ以後就最好不要進行在地面上的觀測，因為中紅外線（波長5μ~30μ）以及遠紅外線（波長30μ~300μ）的紅外線觀測需要離開到大氣層之外才能夠進行觀測。

　　ISO決定讓日本團隊和夏威夷大學天文學研究所組成聯合團隊，對波長7微米區以及90和170微米區進行Deep Survey（深度太空調查）；而我竟然被選為該隊的代表，於是更加深了我和紅外線世界之間不可抹滅的關係（P.190圖）。

　　這些觀測計畫經由各方人士協助才得以順利進行，並且還發現了許多藏身在塵埃中的遙遠星系。如果用紅移（z）來說的話，我們就是用紅外線觀測找到了z= 1～3的星系（由於太空不斷在膨脹，因此我們可以觀測到遙遠的天體似乎正在進行著不斷遠離我們的運動現象；於是我們稱這個觀測的標準為「紅移」，並且用z表示）。我們找到的這些星系，都是以前用可見光和近紅外線觀測無法看到的種類。它們對於可見光帶來說亮度太暗，即使使用凱克望遠鏡的光譜觀測也是非常勉強。

　　就像這樣，我很幸運地託ISO的福才能親眼見到藏身在100億光年塵埃後面的星系。如果說宇宙的年齡是137億光年的話，位於100億光年遠的星系，其實也就是指宇宙誕生過後經過37億年左右才出現的星系；不可否認地，它是一個相當年輕的星系。

但是，星系的誕生應該在更早以前就要開始進行，如果用紅移表示，應該是z> 6，而非100億光年。因此，我們必須要看到從125億光年到130億光年遠的宇宙，這代表著我們的挑戰還沒結束。

紅外線太空觀測台（ISO）

（ESA提供）

2. 找尋最遠的星系

①再次回歸到可見光觀測

　　星系是由星體和氣體所共同構成的產物（在此先不提及黑暗物質，因為它到目前為止仍然還是不明物質），它們各有不同的進化過程，也有各式各樣的物理狀態。而這句話同時也就表示，星系可以在伽瑪線、X射線、紫外線、可見光、紅外線和電波，所有的波長帶中發出亮光的意思。在我們還沒有收集到有關於這些全部資訊之前，我們都無法得知星系真正的樣貌，但是，當現實上自己不斷將研究的成果累積起來，還是可以感受得到星系的實在感。

　　雖然說我們靠著利用紅外線觀測拉近了和宇宙的距離，但是我們離最遙遠邊境的星系還有很長的距離。當進入90年代後半期，此時因為凱克望遠鏡的運用，帶領我們進入利用口徑10m可見光望遠鏡的時代。另外（日本）國立天文台也在口徑8.2m昴宿星團望遠鏡建設完工的20世紀最後一年，在2000年的時候進步到能夠開始進行共同利用觀測。

　　因為我和夏威夷大學天文學研究所的研究人員共同進行過研究，所以我在1997年曾經實際體驗過用凱克望遠鏡觀測天體。那是一個口徑10m的世界，真的是非常了不起的發明。接著在ISO的工作結束之後，到下個世紀的紅外線太空觀測台為止，我進入了短暫時間的空窗期。當時我曾經思考著是否要回到可見光的世界看看，那當然是因為有昴宿星團（SUBARU）望遠鏡的緣故（P.192圖）。因為，那時候的我，想要試著用昴宿星團望遠鏡來找找看最遙遠的星系。

國立天文台夏威夷觀測台的昴宿星團望遠鏡

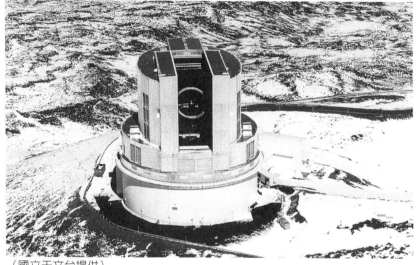

（國立天文台提供）

凱克天文台

凱克天文台裡，有兩台口徑10m的望遠鏡（上圖）：右邊是凱克1號，左邊
是凱克2號。（凱克天文台提供）從下方的照片，則可以清楚了解到凱克和
SUBARU的位置關係。（國立天文台提供）

②昴宿星團望遠鏡

　　在2000年當時，我們已經開始可以找到超過z=5的星系了，而這全都是託凱克望遠鏡的福。凱克望遠鏡在觀測以前哈伯太空望遠鏡進行「Deep Survey（深度太空調查）」任務中在宇宙遠方發現星系後補光譜的同時，一個接著一個地確認了超過z=5的星系存在，那個情況真的是太精采了（下圖）！然而，存在著超過z=5的銀河世界，也是我們一直以來嚮往的世界。

　　那麼，我們需要昴宿星團望遠鏡來做些什麼呢？為了能夠清楚地預測出我們和星系之間的距離，最後還是必須要進行光譜觀測來測定紅移距離，而問題就出在我們要如何清楚看到位於最遙遠邊境的星系後補上。如果是在可見光的情況下挑選星系後補的話，基本上只有兩個方法：不是Broad（寬通帶），就是Narrow（窄通帶）。

哈伯太空望遠鏡

（NASA提供）

此處所提到的Broad（寬通帶）和Narrow（窄通帶），意指在拍攝觀測天體時使用多少頻寬的過濾器（filter）；Broad指的是寬通帶濾光片（broad band filters），Narrow是窄通帶濾光片（narrow band filters）。一般拍攝觀測是使用broad，其中又以約翰遜的測光系統最為有名，相信大家應該都有聽過B頻段（藍光）、V頻段（可見光）和R頻段（紅光）等等無線電頻率吧！能夠通過這些寬通帶濾光片的波長頻率大約在100nm左右。

相對於寬通帶濾光片，窄通帶濾光片的通過幅度只有10nm，所以窄通帶濾光片通常只在想要取得某一特定波長帶的影像資料時才會使用。例如，在星系中的星體生成區域（獵戶座大星雲等）中，氫原子氣體不斷電離，當它們要再度結合時會強烈地被放射出波長656.3nmHα線（巴耳末系的光譜線）。雖然R頻段也包含了此一波長帶，但是由於其它的連續光也會投射進來，所以Hα射線就會因此被稀釋。因為在Hα射線656.3nm中有重心，所以只要使用只能透過在它的波長帶前後10nm左右的光的濾光片，就能夠取得氫分子的影像。

那麼，當我們在尋找位於遠方的星系時，要如何使用寬通帶或是窄通帶的濾光片呢？首先，我們先從寬通帶濾光片開始講起。一般來說，包含全部的可見光區域，我們會利用好幾片的寬頻濾光片進行Deep Survey（深度太空調查），從比較藍的U頻段（360nm）開始到紅光部分的z頻段（900nm）的濾光片都有。也就是說，我們可以取得U、B、V、R、I和z這六種顏色的資料（不過也沒有必要一定要取得全部六色的資料）。只要我們運用各個頻段所需的濾光片等級，就能得知星系光譜能量的分布狀況。

只要得到這些資料，想要找出位於遠方星系的方法也就變得簡單多了。由於從遙遠星系放射出來的光都會紅移，所以我們

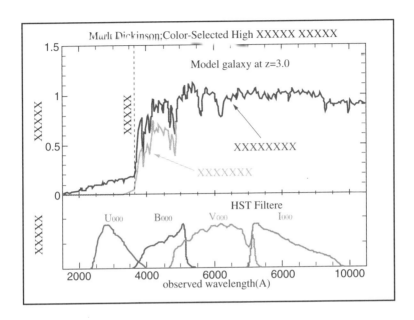

Marlt Dickinson;Color-Selected High XXXXX XXXXX

Model galaxy at z=3.0

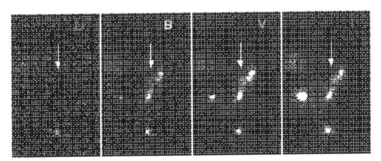

FIGURE 1. Illustration of the Lyman break technique as applied to the Hubble Deep Field. The upper panel shows a model spectrum of a star forming galaxy observed at $z = 3$. Its flat UV continuum is truncated by the 912Å Lyman limit, which is redshifted between the U_{300} and B_{450} filters (WFPC2 bandpasses shown below spectrum). In addition to photospheric absorption in the UV-emitting stars, the effects of intergalactic neutral hydrogen further suppress the continuum in the U_{300} and B_{450} bands. At bottom, an HDF galaxy is shown in the four WFPC2 bandpasses. Clearly visible at I_{814}, V_{606} and B_{450}, it vanishes in the U_{300} image. This galaxy has been spectroscopically confirmed to have $z = 2.8$.

（出處：M.Dickinson）

觀測到從星系發出的電磁波就會朝波長較長（變紅）的那一方移動。從遠方星系放射出來的光最大的特徵，就是在91.2nm以下的光無法傳達到我們這裡，因為比91.2nm波長還短的放射全部都被這個星系本身中所含的氫分子，以及存在於我們和星系之間的銀河氫分子吸收光了。因此91.2nm就被稱為「來曼端」，成為一個特別的波長族群（P.195圖）。

例如在z= 3的星系狀況下，來曼端會朝91.2×（1+3）= 364.8nm移動。也就是說我們在觀測這個銀河的時候，如果用比364.8nm的波長還要短的短波長帶來觀測的話，就會什麼也看不見。也就是說，用U頻段來觀測會無法顯現出來。但是，如果用B頻段或是B頻段以上的長波長帶來觀測就可以看得到。簡單說，z= 3的星系用U頻段觀測會什麼也看不見，但是用B頻段以上的長波長數據就可以顯現，這樣的特徵我們稱之為「U頻段遺漏（U-dropout）」。如果z= 6，來曼端就會朝91.2×（1+6）= 638.4nm移動，此時就會變成運用V頻段也看不到；這就稱為「V頻段遺漏（V-dropout）」。如此一般，如果運用寬頻濾光片的影像資料調查在各頻段之間的顯像情況（或須該稱之為不易顯現的程度），就可以找到位於遠方的星系後補了。用這樣的方式找到的遙遠星系，我們稱之為「來曼譜躍變星系Lyman Break Galaxies ：簡稱為LBG」。

現在，我們來講解使用窄通帶濾光片來尋找位於遠方星系的情況。運用窄通帶濾光片來搜尋非常遙遠星系，又更容易許多。在氫原子再結合時放射出來最強放射線的來曼 α 射線，它放射的波長達到121.6nm；而使用窄通帶濾光片直接瞄準紅移過後的來曼 α 射線，正是使用窄通帶濾光片的奧妙之處！例如在z= 5的情形下，來曼 α 射線會往729.6nm移動，而z= 6的話則是往851.2nm移動；於是我們可以製作符合這一些波長的窄通帶濾光片，並且進行拍攝。即使是寬通帶也需要先拍攝記錄，因為只要拿經過窄通

帶濾光片所拍攝到的影像和透過寬通帶拍攝到的影像做比較，找出在窄通帶濾光片拍攝到的影像中異常明亮處就好了。缺點只是因為濾光片的頻寬比較狹窄，所以相對就需要花比較長的時間觀測；但是不可否認的它的確是一個相當淺顯易懂的方法。用這個方式找到的遙遠星系，我們就稱之為「來曼 α 射線星系（LAE：Lyman alpha emitter）」（下圖）。

好了！這下我們得趕快做決定了！到底是要用寬通帶濾光片呢？還是窄通帶濾光片？因為使用寬通帶濾光片能夠有效應用看不到來曼端的特徵，同時也能夠不受電離氣體等訊息影響，可以說是觀測上的王道！但是，我想要找的星系，是位於最遙遠的邊境、剛形成的星系。在那樣的星系當中，應該會有大量的星體在那裡形成，而且應該也有很多比太陽等星體質量還要更大的星體

捕捉來曼 α 射線銀河的方法

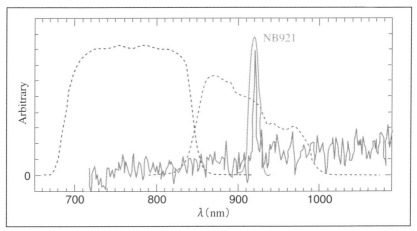

在使用寬通帶濾光片的NB921的同時加上寬通帶濾光片的i'和z'頻段來尋找。NB921只能夠讓920nm左右波長帶的光線通過，此時我們可以捕捉到紅移後的來曼α射線。用紅線表示的是紅移值6.6的來曼α射線銀河的典型光譜。（資料提供：柏川伸成）

存在才是。如果是這樣的情況，它們周圍的氣體就會被電離，並且放射出強烈的再結合線，也就是說它們會放射出比獵戶座大星雲還要亮好幾億倍的光芒。當然，想必那些光芒都是來曼 α 射線放出的光吧！但是，因為這些星系是剛形成的，所以也有星系本身還很暗淡的可能性。因此，我們就不能倚賴來曼譜躍變（Lyman break）來找星系了。於是，答案出來了：「我們用窄通帶濾光片來找吧！」

④昂宿星團深空（Deep Field）計畫

　　昂宿星團望遠鏡中有主焦點廣視角相機「Suprime-Cam」，它能夠一口氣將34角分（mas）×27角分之內的景象拍攝下來；這個廣角度可是能夠將一整個完整的月亮入鏡的超廣角呢！在口徑8m等級的望遠鏡之中有像這樣的廣角相機的，也只有昂宿星團望遠鏡而已。我們將會使用這樣的Suprime-Cam來搜尋位於最遙遠宇宙的星系。

　　那麼，我們該如何使用窄通帶濾光片呢？其實，我們無法隨意的選擇我們所需要的波長帶，而且CCD相機感度極限只到1000nm（1微米）而已。除此之外，也有其它麻煩的問題。例如存在地球大氣的OH分子（羥基、hydroxyl group）射線，會朝向比700nm還要遠的長波長方向放射出去，所以會形成雜音。因此，OH分子的放射光線就只能瞄準比較弱的波長帶不可。此時如果加上一定要在1微米以內為條件的話， 920nm附近就會變成比較容易瞄準的波長帶。若來曼 α 射線移動到920nm，紅移值就會變成z=6.6，相當於在128億光年的遠方，宇宙誕生後只過了9億年左右的時刻。

　　就在此時，所有參與製作昂宿星團望遠鏡的人員成為主力，於是這個尋找遙遠星系的任務，就和為了活用昂宿星團望遠鏡而產生的計畫同時開始進行了。此計畫的其中之一，就是「昂宿星

團深空（SDF：Subaru Deep Field）計畫」，目的就是在可見光帶中從B頻段到Z頻段進行深度調查。如果再加上920nm的窄通帶濾光片觀測，就能夠實現我們想要尋找z=6.6星系的夢想。因為我並沒有參加昴宿星團望遠鏡的建設計畫，所以不是SDF的正式成員。但是，我很幸運地在昴宿星團望遠鏡共同利用觀測中的集中強化領域裡，提出關於SDF窄通帶濾光片的拍攝觀測建議得到了採用。更幸運的是，當時在進行共同利用觀測上的一個任務就需要大約三個晚上，在超過三個晚上的加強計畫中，集中強化領域又是剛設立不久的領域，光是在這個剛成立不久的計畫中採用我的提議就已經很幸運了，我還獲得了五個晚上進行這項觀測呢！

2002年的春天，SDF計畫終於開始進行了。但是，接連著出現的卻是層層的難關。首先是毛納基的天氣非常地不穩定，完全沒有放晴的時候，但是因為SDF被排在該年第13個晚上進行觀測，所以總算還是拍攝到了一點資料。我們在四月和五月總共五個晚上取得的資訊，馬上就被分析完成。我們找到了幾十個z=6.6的星系候補。於是，馬上又在六月進行光譜觀測，這次毫無疑問地證實了有兩個z=6.6的星系。用紅移仔細調查過後得知，一個是z=6.58、一個是z=6.54的星系。當時，發現位於最遙遠的星系是夏威夷大學天文學研究所團隊找到紅移值z=6.56的星系，雖然和z=6.56的星系只有相差一點點，但是z=6.58的星系，已經成為人類所找到的星系中最遙遠的一個了！而這個世界紀錄就是由昴宿星團望遠鏡樹立下來的（P.200圖）。在2006年12月，由昴宿星團望遠鏡深空計畫發現的z=6.96，也就是128.8億光年的星系，是目前的世界紀錄。這個星系是由國立天文台的家正則教授團隊所發現，目前仍是由日本人保持這一項記錄。

就像這個樣子，我們得以和最遙遠的星系相見，並且於2003年的春天發表了有關於此的研究論文，而這篇論文也在國際上引發了廣大的迴響。在國內也計畫要大力的宣傳這個消息，連記者

會的流程都準備完成了！地點是在文部科學省 。但是選定舉行記者會的日期真的非常糟糕，那是3月19日，也就是美國開始對伊拉克進行攻擊行動的當天。隔日，幾乎每一家媒體都沉浸在灰暗的氣氛當中，於是很可惜的，我們的世界紀錄只有出現在新聞的角落就結束了。啊，也該是我結束閒聊的時候了吧。

在昂宿星團望遠鏡深空計畫中發現的位於 128.3 億光年之遠的星系

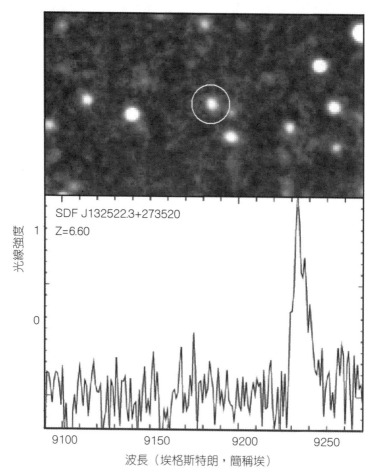

谷口義明提供

3. 結語

①走向世界

　　在我研究天文學以來，有的時候會這麼想：日本人的研究，現在還有一點很難受到讚賞。當然，日本的天文學研究等級還不能說是很高；日本一直到明治維新以後才開啟近代科學之路，這樣的歷史差距還是明顯可見。

　　當我們在觀測宇宙的時候，和觀測的地點其實並沒有什麼關係，不論是在美國、歐洲、還是日本，看到的北斗七星都是一樣的，由此我們可以知道天文學為什麼可以不受紛擾地成為全世界共同研究領域的原因。即使在南半球有南半球的世界，不會改變的是人類都朝著同一個目標共同在天文學的研究上努力。

　　只是，日本人真的很土里土氣，這麼說吧，其實我也是一樣。首先，是英文很差。如果英文很差，在國外就很容易把自己關起來，變成一個人埋頭做研究；這樣一來就沒有人會理睬你。不發表言論的人就不會被理會，這是天經地義的道理。

　　更土的是，日本人也很不會寫論文。這也和英文有關係，因為當我們寫論文的時候，英文的冠詞和前置詞就會如排山倒海而來，這真的是相當傷腦筋。但是，這是個絕對不能忽視的問題。即使是做日本人擅長的工作，也有可能因此就讓機會消失在黑暗之中。

　　我們用昴宿星團望遠鏡發現最遙遠的星系，命運又將如何呢？這還是很讓人在意的事情。在天文學的領域中，可以說還是屬於美國的獨佔領域（這個說法也許不是很好，不過就是指美國持續不斷地推出獨霸群雄的成果的意思），新參與者根本沒有縫隙可以插入。而SDF就是在挑戰這樣的細縫。

　　但是，昴宿星團望遠鏡真的很偉大！連夏威夷大學天文學研

究所的眾多研究人員都能夠親身體驗到昴宿星團望遠鏡的厲害，而這全都是昴宿星團望遠鏡的主焦點相機「Suprime-Cam」的功勞。Suprime-Cam的超強功能已經成為「傳說」，領先全球！

「這是用Suprime-Cam發現的嗎？真是太厲害了！」

雖然只是剛開始而已，不過這種氣氛正逐漸在天文學界中萌生。

在我們提出研究論文之後的一段空窗期，我們收到了這樣的一封信。

最遙遠的星系

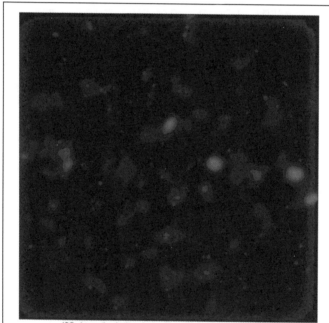

ISO observation (red) and ground-based infrared observation (blue)
Credit: ESA/ISO and ISOCAM (7 microns), University of Hawaii 2.2-metre telescope
(2 microns) and Y. Taniguchi et al.
ESA/ISO 97:8/1

世界首見，用7微米探勘找到的一個被塵埃包圍的年輕星系（ESA、谷口義明提供）。

「能不能夠請你們用『昴宿星團望遠鏡』這個標題，幫我們做一段有關遠方星系的演講呢？」

這是從即將在義大利威尼斯舉行的研究會主辦人寄來的信。

「如果方便的話，那就太感謝了！」

這不禁讓我覺得，我們的工作終於得到了世界的注意！於是我們決定一定要盡最大的努力，突破現狀！

2003年10月，我們行經米蘭到達威尼斯，這真是一段很長的旅程。因為時差的關係我們提早了兩天前往威尼斯，得到了一天寬裕的時間。當天我光是走在路上散步，就遇見了好幾位熟悉的面孔，因為他們也都在散步。能夠在研討會之前與以前的同伴相遇，同時還能夠互相交換要在研討會上發表的意見，讓我了解到大家要發表的題目意義，真的是一件非常幸運的事情。

「沒問題！我們的研究是最優秀的！」

經過和其他人的意見交換，我們終於能夠抱持這樣的自信迎接研討會的到來。

而這個預感真的成真了！因為我們找到的星系，真的位於最遙遠邊境的星系！而且在我的演講結束之後，聽說獲得了非常熱烈的掌聲。站在演講台上的我並不太清楚台下的情況，但是聽說大家對我們研究的成果都非常的替我們感到開心。這時我們確定，我們已經朝世界邁進了一大步。

②再往更遙遠的世界前進吧！

總覺得，我們已經走了好長一段路程；但是，也是一轉眼就過了。從前有個少年對星系充滿幻想、嚮往著最遙遠的星系，現在他終於實現了他的夢想，看見了最遠的星系。這聽起來雖然像是一個童話故事，但是這位少年其實就是我；我只能說我真的很幸運。每當我和各式各樣的人相遇，就必定可以學到很多東西、得到許多適切的指導。而我，只是照著指示做我該做的工作而

已，所以我應該對所有支持我的人表達我的感謝。

「往遙遠的世界去旅行吧！還是乘著這顆紅色的氣球⋯」

這是我還在當學生的時候，一首非常棒的歌，它的曲名是「往遙遠的世界前進」。這是一首很容易朗朗上口的歌，就是這樣一首簡單的歌；可能在現在的時代不會流行起來吧？但是它還是一首好歌，因為它是一首誕生於恬靜時代的感傷歌曲。一直到現在我偶爾都還會哼起這首歌來。天文學的研究，也是一個常常需要出發到遙遠的世界旅行的研究；不知道到何時才會有休止的一天？但是，我們都知道它的答案：只要有一天我們還持續地在研究，就不會有停止的一天。

JASRAC出 0706365-701

8. 宇宙的進化

杉山直（名古屋大學）

1. 宇宙的故事

　　本章將特別以宇宙微波背景輻射研究為中心，介紹給大家關於最新的宇宙論成果。所謂的宇宙論，不是單獨指個別的天體現象，而是針對宇宙整體的進化以及發展做為研究對象。說不定大家會覺得我們這樣做就像是想要抓一把雲來做研究，但是實際上，這其實只是有一群大人，拼命地想要將一些不論是男女老幼都曾經疑惑過的事情找到解答罷了。而這些問題，就像是「宇宙也有開端嗎？」「如果宇宙也有開端的話，那又是如何開始的呢？」「宇宙有盡頭嗎？」「將來，宇宙會變成什麼樣子呢？」等等的問題。

　　關於這些問題，目前我們仍無法獲得全部的完整解答。我們得知現在的宇宙正在膨脹這件事，是到1930年代才獲得證實。另外，宇宙也有起源，而且它起初的狀態是一個非常高溫的「宇宙大爆炸（Big Bang）」狀態，這是我們到1960年代才了解的事實。而引起宇宙大爆炸發生的原因，似乎已經毫無疑問地是被稱為「宇宙膨脹」的一種宇宙初期強大的膨脹反應造成。但是，關於宇宙膨脹到底是如何被引起的？在宇宙膨脹發生以前的宇宙又是怎麼樣的狀態？這兩個問題，到目前為止我們仍無法得知。並且，關於現在的宇宙可能正受到不明物體的黑暗能量（dark energy、暗能量）和黑暗物質（dark matter、暗物質）支配這件事，也是近年來才開始逐漸明朗化的事情。

　　釐清宇宙大爆炸存在過的事實、使大家確信在大爆炸之前發生過宇宙膨脹、解開受黑暗支配膨脹宇宙的模樣全依賴宇宙最古老的化石──宇宙微波背景輻射。

2. 宇宙膨脹的結構

　　現代的宇宙論，是以1915年阿爾伯特・愛因斯坦提出的廣義相對論為契機孕育而出的理論（下左圖）。因為在廣義相對論中有一個全新的理論，也就是指「時間和空間（時空）本身會受到內部物質產生的重力改變」，成為解開宇宙進化和發展不可或缺的要角。倚賴牛頓運動定律才得以完成的古典力學（牛頓力學），則是預先記述了固定的時間和空間之中物體的運動情形的理論。如果想要完整記述像宇宙這種「容器本身」的進化過程，光靠古典力學是不夠的。

　　根據廣義相對論將宇宙成功地模型化的人是亞歷山大・弗里德曼（下右圖）。那年是1922年，他在廣義相對論框架下導入空間上均一（無特定場所）且各向同性（無指定特定方向）的假說，簡化、並成功地解開了愛因斯坦的方程式。用空間上均一和各向同性這兩個假說將均衡地套入現實宇宙來看，真的可以說是切中紅心！因為宇宙中並沒有類似像「肚臍」一樣突起的地方。

愛因斯坦與弗里德曼

阿爾伯特・愛因斯坦　　　　　　亞歷山大・弗里德曼

弗里德曼的宇宙模型，指的是一個會膨脹和收縮的空間。原因是物質存在於宇宙中所產生的重力作用，是不可能容許這個宇宙空間毫無變化地保持原狀。其實早在弗里德曼之前愛因斯坦就已經率先考慮過宇宙論的問題，但是接受了當時的天文學常識，並且認定宇宙應是不會變化的這項說法的愛因斯坦，將否定了宇宙間物體重力作用的「反重力項」導入他自己提出的方程式，製成一個不會變化且靜止的宇宙模型。而這個反重力項被稱為「宇宙項」。

到底宇宙是不變的、靜止的存在，還是時時刻刻都在變化的活的存在？最後，我們用觀測來解決這個問題。1929年，愛德溫・哈伯證實了宇宙確實是一個正在膨脹的空間。哈伯注意到了地球和遠方天體之間的距離，和這個天體遠離我們的速度成正比這件事情。如果整體的空間都在擴大的話，不論觀測者在哪個點進行觀測，都應該會看到所有的點都在遠離我們。而且，在那個位置上遠離的速度和離開的距離之間還會有比例關係。讓我們來看一下P.208圖。如果宇宙空間擴大了2倍，原本距離A點的銀河1億光年遠的B銀河距離就會變成2億光年；而原本距離3億光年的C銀河就會退後到6億光年的位置。也就是說，在同一段時間裡，相對於A的距離B點會退後1億光年，而C點則會退後3億光年。對A點來說，C退後的速度是B的3倍，這代表了速度的確和距離成正比。哈伯認為這個從觀測上得知的距離和速度的比例關係，正是證明宇宙膨脹理論的實例，而這個比例常數我們就稱之為哈伯常數。

所以我們知道，弗里德曼是正確的，宇宙的確是一個會不斷膨脹的活躍空間。這一個將人類從古以來根深蒂固的宇宙觀徹底改變的大發現，可以說是和從地心說（天動說）轉變到日心說（地動說）一起並列天文學的一大典範轉移。由於愛因斯坦不相

信用自己的方程式導出的結果，反而將反重力項導入自己的方程式，相傳愛因斯坦感嘆地說這是他「一生中最大的失敗」。

接著讓我們更仔細地來看一下，關於弗里德曼提出的宇宙模型吧。弗里德曼的宇宙模型，指的是由存在於宇宙空間中的物質重力，決定宇宙空間的構造和變化的理論（P.209圖）。

這裡所說的空間構造，是指空間曲折的情況而言。在物質產生的重力十分強大的情況下，空間便會彎曲變成圓球狀的構造，我們稱這樣的空間為「正曲率」的空間。另一方面，當物質比較少、產生的重力也比較弱的時候，空間就會呈現相反的構造，也就是「負曲率」的空間。而在這兩種空間之間的分界點就是「曲率0」的平坦空間。由於三次元的空間無法用圖示表示，所以我們就用二次元的空間來想想看吧！譬如說一張平坦的桌子表面代表

哈伯以及宇宙膨脹

愛德溫・哈伯

的是沒有曲折的二次元空間，而像球的表面一樣彎曲的構造就是代表持正曲率的空間；另外，像馬鞍或像洋芋片一樣反面彎曲的構造就代表是負的曲率空間。

如果只看弗里德曼提出的空間上均一（無特定場所）且各向同性（無指定特定方向）的假說，我們還是無法得知實際上宇宙空間到底是長得什麼模樣，所以我們只能靠調查光線的傳播和其他觀測調查才有辦法了解宇宙真正的模樣。

弗里德曼所得到的基礎方程式，就是物質所產生的重力會使空間曲折，而且使膨脹的速度不斷減緩。弗里德曼的宇宙模型，如果能夠用觀測的方式得到用哈伯常數去表示宇宙的膨脹速度、空間的曲率、物質密度的話，就能夠完全被說明清楚。那就是，宇宙是從空間的大小等於0，也就是當宇宙所有的點都集中在同一點的初期時刻宇宙開始膨脹，它一邊減緩膨脹的速度一邊膨脹到現在這個狀態的情況。簡單的說，宇宙也是有起頭的！

弗里德曼的方程式與曲折的空間

弗里德曼的方程式

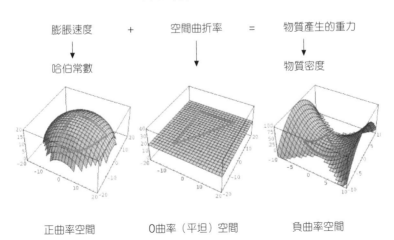

正曲率空間　　　　0曲率（平坦）空間　　　　負曲率空間

此外，弗里德曼的理論不但可以解開從宇宙起源到現在的膨脹情形，也能夠解開將來宇宙的發展！也就是說，我們已經可以瞭解到將來宇宙的命運了。例如，當物質的密度高、曲率是正向的時候，宇宙不知從哪一天起就會因為重力太強，從膨脹轉成收縮，然而當全部的點都再次集中在同一點的時刻，宇宙就會消失了。我們稱宇宙最後如此的消逝情形為「大擠壓（Big Crunch）」。另一方面，若物質的密度過低使得曲率呈現負向的話，宇宙膨脹的情形就會遲緩而永遠一直不斷膨脹（下圖）。

其實愛因斯坦所想像的宇宙項，也對宇宙的發展有強烈的影響。如果宇宙項存在於膨脹中的宇宙，它會扮演讓宇宙加速膨脹的角色，取代讓宇宙消失；因為宇宙項是反重力項的緣故。即使

多種型態的宇宙膨脹

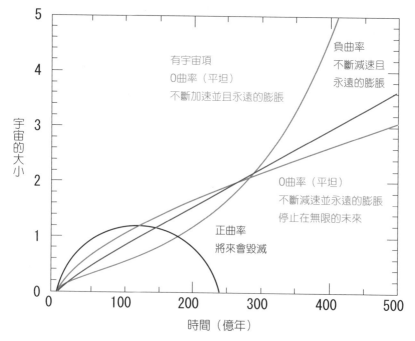

有宇宙項
0曲率（平坦）
不斷加速並且永遠的膨脹

負曲率
不斷減速且
永遠的膨脹

宇宙的大小

0曲率（平坦）
不斷減速並永遠的膨脹
停止在無限的未來

正曲率
將來會毀滅

時間（億年）

是曲率等於0的宇宙，只要有宇宙項，就能使膨脹速率加快，並且使宇宙永遠都持續膨脹下去，甚至是可以在短時間之內讓空間以倍數不斷增加，到達指數函數成長的大膨脹程度。當我們用經濟學的角度來看時，我們習慣把物價以倍數方式成長的狀況稱為「Inflation（通貨膨脹）」，於是我們也承襲經濟學的說法，稱這個在宇宙發生的大膨脹狀況為「Inflation，宇宙大膨脹」。這個在宇宙初期發生的大膨脹，簡直可以說是由宇宙項引起的指數函數型的膨脹。就連現在的宇宙，如果也存在著宇宙項的話，終究也會發展成大膨脹的情形。

　　最後，我們可以經由導入哈伯常數、空間曲率、物質密度和宇宙項，調查宇宙的發展。現代宇宙論最大的目的，就是精準地測定這些量的數值，以解開宇宙發展之謎。

3. 宇宙微波背景輻射與宇宙大爆炸

　　在宇宙初期的時候，由於宇宙中所有的物質都集中在同一個地點，所以應該很容易想像那是一個物質密度極高的情況。於是喬治・勒梅特在1930年左右提出，在那樣的情況下，宇宙全體說不定就是從像一整個原子一般，呈現非常高的密度狀態開始的說法。而喬治・伽莫夫將這個想法更進一步發展之後，在1940年代時提出宇宙是在高溫高密度的狀態下開始發展的想法；並且留下之後被命名為「宇宙大爆炸」的宇宙高溫起源說，預測宇宙應該是充滿著電波的空間，而那些電波就是黑體輻射的理論。

　　黑體輻射，是指在溫度上充分混合達到熱力學平衡的狀態時產生的一種輻射現象。而不斷鑽研黑體輻射的馬克斯・普朗克，最後提出了量子力學，在歷史上留下了極高的聲譽。在黑體輻射中，溫度越高的輻射波長越短，也就是它會放射出越多藍色的光；當溫度降低的時候便會放射出波長較長的紅光（P.212圖）。

恆星放射的光，是和黑體輻射相當類似的光。大家都知道藍色的星體代表的是高溫，而紅色星體代表的則是低溫；而太陽的表面溫度大約是絕對溫度5800度左右，屬於可見光。當然，因為地球上的生命都是在太陽光之下生長才得以進化到現在，所以太陽放射出的光是所謂的「可見」光，絕對不是什麼偶然。

　　如果宇宙是從一個高溫的狀態開始的話，曾經存在過高溫的宇宙中的黑體輻射應該到現在都還可以看得見。但是，由於宇宙是一直在膨脹的空間，所以黑體輻射的光線波長，就會同時因為膨脹而被拉長；這是因為在光線傳播的同時，波長會隨著空間的延展而伸長的緣故。而又因為波長會延伸，所以顏色也會從藍色

黑體輻射的光譜

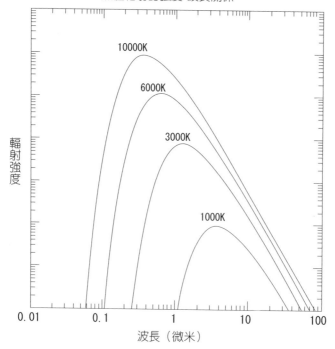

轉變為偏紅，這就是我們所謂的「紅移」現象（下圖）。然而溫度還是會向下降低，隨著膨脹帶來的溫度下降情形，可以理解為熱能收入和支出的變化。我們都知道宇宙是無法從外部獲得熱能的，所以也就是說：當宇宙一面在膨脹就等於它做了工作，宇宙會經由它膨脹了多少＝做了多少工作，使得宇宙內部溫度降低、熱能減少，最後造成溫度的下降。

在宇宙大爆炸的初期是非常高溫的狀態，當時存在宇宙的黑體輻射是我們稱為伽瑪射線的一種波長非常短的光線（電磁波）。但是隨著宇宙不斷膨脹溫度也逐漸降低，波長也會隨之延伸，最後變成X射線、紫外線，然後再變成可見光。接著膨脹仍持續進行，可見光會再繼續轉變成紅外線，我們認為它最後會將波長繼續延伸而轉變為電波，才到達現在。伽莫夫認為現在宇宙的溫度應是絕對溫度只有幾度的程度，而且猜測我們應該可以找到現在已經轉變成電波的黑體輻射。換言之，現在宇宙的溫度應該已經降低非常多了。

這個黑體輻射的發現，正是成為證明高溫的宇宙初期曾經發生過宇宙大爆炸的契機。這是發生在1964年，貝爾實驗室的兩位研究電波的天文學家，阿諾‧彭齊亞斯和羅伯特‧威爾遜，

由空間膨脹產生的紅移現象

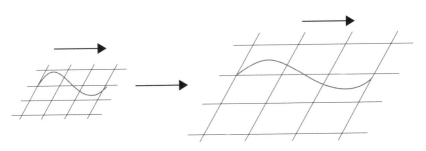

正想要檢測存在於銀河表面的中性氫的放射物質的時候偶然發現的。他們在檢測中性氫放射的21cm波長電波之前，先用7cm進行了一次檢測，原本只是想要先調查一下機器發出的雜音；（因為在那樣的波長裡，宇宙不可能還會有任何信號傳達過來，所以用這樣的波長檢測到的電波，應該全部都是觀測裝置傳來的雜音才對）。他們兩人想要在先確認雜音是不是很微弱之後，再開始用21cm進行觀測，沒想到就在此時得到了驚人的發現！因為不論他們怎麼努力，都無法降低這個身分不明的雜音發生。這個從宇宙四面八方發射到地球來的電波，正是能夠證明宇宙曾經是高溫的一個空間——宇宙微波背景輻射。他們從電波的強度，估計該輻射的溫度大概是絕對溫度3K。如此一來就證實了宇宙大爆炸的存在，彭齊亞斯和威爾遜也在1978年獲得了諾貝爾物理學獎。可惜的是，此時伽莫夫已經去世了。

為了不讓大家懷疑這個用7cm的波長發現的電波就是從宇宙原始的光線發出的，必須要用多種波長再次進行檢測，以確認它就是黑體輻射產生的產物。但是1mm以下的短波長會受到大氣阻礙根本無法傳達到地球，所以為了要驗證黑體輻射所需要做的檢測困難度相當高。結果，一直到1989年，才終於藉由COBE衛星的發射，證實了宇宙微波背景輻射的確是近乎完美的黑體輻射所放射出來的。而該輻射的溫度，是絕對溫度2.725K（右圖）。因為這個功績，COBE衛星的計畫負責人約翰·馬瑟，在2006年獲得了諾貝爾物理學獎。

那麼，我們藉由觀察宇宙微波背景輻射，到底是看到哪個時代的宇宙呢？首先我們要注意的是，當我們看到的是距離越遠的天體，就代表著我們看到的是越久遠以前的宇宙。例如，我們現在看到的太陽其實是8分19秒前的太陽，大麥哲倫星系則是16萬年前的模樣，仙女座星系則是約230萬年前的模樣。

另外，我們看到光線發射的位置其實並不是光線最初發射出

來的位置，而是最後光線散亂的位置。例如以太陽來說，我們所看到的太陽並不是中心點，而是被稱作是光球的一層接近太陽表面的地方。在光球的內側，光線在經過無數次地和太陽內部的電子衝突之後，最後終於不再衝突而開始向外跑，而那裡就是光球的表面。如果是在陰天看太陽，因為光線是在雲中散亂，所以就會變得無法直接看到太陽。而在這個情形下照射在我們身上的光（原本是直接從太陽放射出來的光），就會變成是從雲層的表面放射出來。就像這樣，我們認為我們看到的其實是光線最後散亂的地方。而在我們觀測宇宙微波背景輻射的時候也是完全相同的情況，也就是說，我們看到的是在宇宙中最後散亂過後的模樣。

經過大爆炸之後的宇宙誕生過後經過40萬年，發生了非常戲劇性的事件。在這個時間以前，因為宇宙是一個高溫高密度的空間，所以形成物質最基本要素的質子和電子便無法結合，只能散亂地存在於宇宙空間裡；而光線有經常和電子起衝突的性質，於是由於光會不斷地和存在於宇宙空間裡大量的電子反覆衝

由 COBE 衛星獲得的宇宙背景輻射光譜

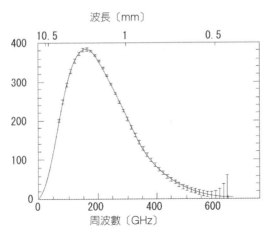

這份資料是COBE衛星的測定值，但是誤差已經擴大到400倍了。實線是代表絕對溫度2.725K的黑體輻射。

突，所以在當時在宇宙空間形成了非常不透明、可以說像是起了大霧一般地濃霧狀態（下圖）。但是，在這個會隨著膨脹使得溫度逐漸下降的宇宙之中經過了40萬年以後，質子和電子就變得有可能結合在一起。此時在氫原子的急增之下，質子和電子就能夠結合，而它們結合的結果，能在一瞬間使得原本自由地飄散在宇宙空間的質子和電子消失不見，讓宇宙頓時變得透明，我們稱這個情形為「宇宙放晴」。自此之後，光線就不會再被任何東西遮蔽，耗時137億年左右成為我們口中的宇宙微波背景輻射到達我們的地球。順帶一提，經過40萬年的宇宙，當時的絕對溫度大約是3000K，此時的宇宙光線正從紅色轉變成紅外線，從那個時代開始一直到現在宇宙已經膨脹了1000倍，而溫度也降低到只有2.725K。

我們從宇宙微波背景輻射看到的宇宙，其實是宇宙誕生過後40萬年的模樣，如果將現在年齡已達137億歲的宇宙用現年50歲的人類來比喻的話，我們從宇宙微波背景輻射看到的宇宙，相對來說只是剛誕生不到半天的模樣。如此一般，宇宙微波背景輻射就像是宇宙最古老的化石，能讓我們看到剛出生不久的宇宙模樣！

宇宙的放晴，然後到現在

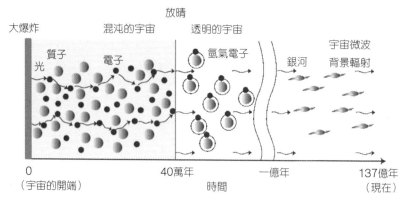

4. 宇宙大爆炸中遺漏的鏈接環

　　彭齊亞斯和威爾遜發現的宇宙微波背景輻射，不論從哪個方向幾乎都是以同樣的強度傳達到地球。這種在某個波長段之下有相同的強度就代表著：如果是黑體輻射的話，它們的溫度就是相同的，因為它們是藉由溫度來決定各個波長的強度。但是，如果我們非常精細地去調查它的溫度（強度），雖然查出來的差別很小，但還是可以發現它會依檢測的方向不同而產生細小的差異。像這種程度上只有十萬分之一非常小的溫度分布差異，也就是「溫度的波動」，由COBE衛星在1992年時發現（下圖）。

　　COBE衛星發現這個溫度的波動，在理論上也曾經有被預測過。現在的宇宙中，存在著星系和星系團，甚至也有屬於星系的巨大網絡的大規模構造。這些構造的存在，乍看之下會讓人覺得和弗里德曼提出的物質平均分布且各向同性的宇宙模型不合，但是在現在的宇宙論之下，如果平均地來看宇宙整體，會發現它確

COBE 衛星

（NASA提供）

實是空間上均一且各向同性，但是還是會有少數的物質分布偏離的「密度的波動」存在。當初可能是真的只有一點點的物質密度波動狀態，但是隨著重力作用影響這個波動也就成長得越大，最後變成星系、星系團，甚至是更大規模的構造。這個狀況我們可以用數值電腦模擬器等等運算出來（下圖）。只要稍微有一點點物質聚集的地域，它的重力就會比其他地區都要來的強，如此一來物質就更容易聚集在這裡。一旦物質聚集重力也就會更強，因此會讓更多物質聚集在這裡。

我們認為這些本來從均一且各向同性產生的僅有一點點波動，是在宇宙最初期時產生的。我們認為這些波動，是在宇宙誕生後只有 10^{-35} 秒的時候發生的巨大膨脹情形，也就是正在發生 Inflation、宇宙大膨脹時產生的。經過這些波動不斷地成長，才孕育出現在的構造。但是，這些物質分布的波動情形，應該也會造成存在於宇宙中光線分布的偏移，而這個光線的偏移，正是引起宇宙微波背景輻射溫度波動的原因。

大規模構造的電腦模擬形成圖

2億年

10億年

30億年

60億年

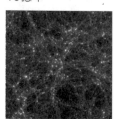
137億年

（吉田直紀提供）

宇宙最初期的波動在137億年後顯現的模樣就是宇宙的大規模構造，40萬年後的模樣則顯現在宇宙微波背景輻射溫度的波動。而這個宇宙微波背景輻射的溫度波動，就是將10-35秒的宇宙和現在的宇宙連接在一起，可以說是在宇宙大爆炸中遺失的鏈接環（下圖）。發現這個宇宙微波背景輻射溫度波動的COBE的輻射差值測量計（Differential microwave radiometer）的負責人喬治・斯穆特，因為這個而在2006年和先前提到過的約翰・馬瑟一起獲得諾貝爾物理學獎。

從宇宙的起源、放晴到現在

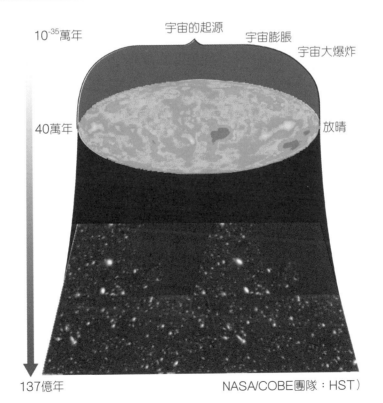

10⁻³⁵萬年　　　　宇宙的起源　　宇宙膨脹

宇宙大爆炸

40萬年　　　　　　　　　　　　　　放晴

137億年　　　　　　　　NASA/COBE團隊：HST）

5. 解開宇宙之謎的關鍵

　　以COBE發現宇宙微波背景輻射為契機，從那個時候開始相關的理論研究就以相當猛烈的氣勢不斷往前推進；因此，我們發現了在這個溫度的波動當中藏有解開宇宙之謎的關鍵重要情報。只要詳細地測量這個溫度的波動，就能夠精細地測定掌管宇宙發展的能量。這十萬分之一的溫度波動對於宇宙論來說簡直就像是「金礦」一般的存在。

　　就像先前提到過的一樣，宇宙膨脹的能量是由物質的密度、宇宙項、空間的曲率、以及代表膨脹速度的哈伯常數等等來決定。那麼，為什麼測定溫度的波動也能從這些量來測定呢？如果追根究柢它的原理，就會發現在宇宙40萬年的時候溫度波動的規模和波動的程度是取決於物質的量和膨脹的速度等等，而當我們想要檢測在現在137億年前當時溫度的波動時，就會碰到這個溫度在傳播到地球的途中，經由傳播過程經過空間構造造成溫度波動規模的增大或縮小。於是我們可以經由比較從觀測得到的溫度波動的規模和波動的程度，以及從理論上預測的結果，來測定掌管宇宙發展的能量（下圖）。

觀測溫度波動的模式

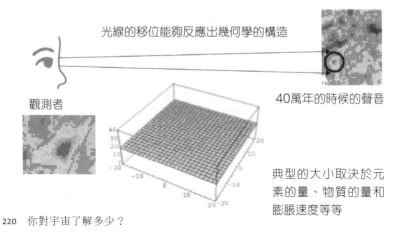

光線的移位能夠反應出幾何學的構造

觀測者

40萬年的時候的聲音

典型的大小取決於元素的量、物質的量和膨脹速度等等

首先，我們先來解說一下有關於溫度波動在空間的模式是如何決定它的物理大小。為此，大家必須先了解一直到40萬年前，宇宙微波背景輻射的溫度波動是如何產生的。就像先前提到的一樣，在40萬年的時代，也就是一直到宇宙放晴的時期之前，質子和電子其實是散亂地分布在宇宙空間之中（那是屬於電漿狀態的情況）。在那裡，光在不斷反覆地和電子產生衝突之中，和電子在電漿中共存；（所謂的電漿，指的是和空氣相當類似但可以壓縮的流體）。在此想請各位想像一下，在空氣中傳播的物質分布疏密的情形正是聲音的來源這件事，在電漿裡也是相同的道理，密度的波動也會形成「聲波」在電漿裡傳播。所以我們可以知道，在宇宙誕生過後一直到40萬年，宇宙空間是充滿聲音的。

　　那麼存在於宇宙初期的聲音，它們的音程的幅度到底有多少呢？在此我們先用樂器來想想看。越大的樂器越能產生越低的音程，這是因為樂器的大小能夠決定一個樂器的最低音程。在宇宙中，宇宙本身自己就是樂器，所以在宇宙產生的音波，大概就會成為宇宙的大小，也就等於從宇宙誕生至今光線能夠到達的極限（稱之為地平線）之中最低波長的波。如果將它換算成振動數值的話，就是40萬年才會振動一次的超重低音。而它當然也有泛音成分。所謂的泛音成分，是由波長最低部分的一半、和三分之一等等波所構成。而音色就是依照這個泛音能夠包含多少的成分來決定。

　　接著，我們再仔細一點來看聲音的性質。有一種可以讓人吸入氦氣進而改變聲音的玩具。人類吸入氦氣會改變聲音，是因為存在氦氣內的音速和一般空氣（氮和氧的混合物）中的音速不同所產生的現象。當音速改變，音程就會改變。以宇宙來說，宇宙會受到電漿構成要素比例的變化改變音程，具體而言，就是宇宙會受到光（現在的宇宙微波背景輻射）的能量密度、質子、電子的密度比決定聲音的速度。

另外，聲音也會因為宇宙的膨脹速度、全部的物質密度等等影響而使得聲音改變。這就是為什麼宇宙這個樂器會隨著時間的前進而進化，外觀也會隨之改變的原因。它不只會對最低音造成影響，也會影響到泛音成分。因為在比40萬年還要早之前的宇宙，也就是在宇宙還很小的時代裡，只要宇宙的進化有不同的地方，就會從越短的波長開始變化。因此，不只有音程會改變，音色也會有所變化。

這個宇宙在40萬年的聲音，也就是密度分布的疏密，才是被當作造成宇宙微波背景輻射的溫度波動（溫度分布不均的空間）的主因來進行測定。也就是說，我們可以經由對溫度的波動進行詳細的檢測，查出宇宙的物質密度、膨脹速度（哈伯常數），甚至，還能釐清由質子構成的普通物質（元素）的比例等等資料。

接下來，我們把注意力轉到這個40萬年的聲音，我們是從137億光年的遠方觀測而來的這一點上吧。在這個非常遙遠的137億光年旅途的時間裡，途中空間構造的影響也會造成溫度的波動情形，這是因為我們可以看到溫度的波動受到空間曲率的影響而擴大或縮小。如果實際上宇宙空間的曲率是正的話，整體的空間就會產生凸透鏡般的作用，相較於曲率0的情況，溫度波動的模式就會擴大。因為原本溫度波動的基本規模大約是40萬光年，但是從外觀上來看卻大了很多。另一方面，當曲率是負的時候，宇宙空間會產生凹透鏡的現象，反而看起來應該會變小。就像這樣，經由測定溫度的波動，我們也可以得知宇宙的曲折率情形。

那麼，經由COBE測定到溫度波動的全天地圖，已經能夠詳細地算出這些數據了嗎？遺憾的是我們還沒有達成這樣的目標。這是因為儘管COBE是在1989年才發射升空的衛星，但是它還是只裝置了一些經由1970年代技術開發製成的觀測儀器；其實這也是因為太空梭發射失敗等等因素才造成計畫的延遲。裝置在COBE上的儀器之中，有角度分解能力只有7°的焦點模糊的望遠

鏡。如果把我們看到的月亮或太陽的大小（視直徑）想像成0.5°的話，就可以知道影像到底會變得多麼模糊了吧！

在40萬年的宇宙大小，也就是40萬光年的長度，會占據天空上只有超過1° 一點點程度的區塊；而COBE的分解技術，還無法看到（聽到）當時在40萬光年的宇宙中產生的音波。

6. 由 WMAP 衛星解開的宇宙面紗

超越COBE角度分解能力的觀測，即使是在地面上、或是利用熱氣球也可以做得到。實際上，在COBE發現溫度波動之後，有為數眾多的觀測不斷開始進行，並且也成功地測定到溫度的波動狀況。其中特別是在2000年的時候，以義大利和美國為主的Boomerang團隊發表的檢測引起最大迴響。因為那是一次有史以來第一次耗費10天、利用盤繞在南極上空軌道進行的熱氣球觀測，並成功地觀測到天空上非常大的領域（大約5％左右）。另外，它的角度分解能力比COBE的7° 多了30倍左右，也成功地精確檢測到宇宙40萬年的時代聲音。藉由這些成果我們可以獲得包含宇宙的曲率幾乎趨近於0等等其它的大發現。

但是，即使是Boomerang它的能力範圍也只有辦法觀測到天空的5％，所以熱氣球果然還是無法贏過能夠進行全天檢測的人造衛星。人們在得到COBE的成果之後，美歐各國紛紛提出一些相關的人造衛星計畫，其中WMAP衛星是由主要以NASA高達德太空飛行中心和普林斯頓大學為中心的團隊所推行的計畫。這一顆當時被稱做MAP的衛星，在2001年6月時發射升空（P.224圖）。

WMAP所得到的詳細溫度分布情形，就像我們可以在P.226圖看到的一樣。和先前的COBE相比，可以很明顯地看出它有相當優秀的分解能力，但是它得到的結果卻也只是完全再重現一次COBE得到的成果而已。

那麼，我們就來介紹一下藉由WMAP所獲得的溫度波動解析揭開宇宙面紗後宇宙真正的模樣吧。首先，宇宙空間是一個大致上曲率只有0的地方。再者，宇宙物質的量占據總能量密度的26％，物質之中，像氫等等的普通物質（元素）只有占全部4％；剩下的74％，就是所謂的宇宙項。由此可知，宇宙的膨脹是由宇宙項來控制的。另外，我們必須要注意的還有在物質的成分之中，元素只有占全部的4％這件事；所以大部分的物質都是一些身分不明的「暗物質（dark matter）」（P.226圖）。此外，哈伯常數值也在這次觀測成果中得到了精準的分析。

　　由於我們已經可以確定掌控宇宙發展的能量，所以現在我們只要利用我們得到的這些數值進行宇宙進化的計算，就有可能可以得知現在的宇宙年齡以及將來宇宙的命運。這樣根據計算的結果，目前我們得知宇宙的年齡是137億歲（誤差值在10％以下）。另外，因為宇宙的膨脹受到宇宙項所控制，所以我們知道宇宙會

WMAP 衛星

（NASA／WMAP團隊提供）

不斷地加快它膨脹的速度並且永遠繼續膨脹下去。這是因為受到宇宙項的斥力作用影響，才使得膨脹速度加快的緣故。

因為宇宙項能產生讓宇宙加速的能量，所以最近我們常用「黑暗能量（dark energy）」來形容宇宙項。如果更仔細來解釋，即是黑暗能量在該能量密度也包含著時間進化場合的情形（在宇宙項的情況下是一定會包含）的意義上，成了讓宇宙項更普遍的物質。

從其它觀測也同樣可以得知宇宙項（黑暗能量）和黑暗物質的存在。我們都知道，當一顆重量級的恆星在要結束生命的時候會引起超新星爆發，於是我們可以從調查一顆超新星爆發從產生光亮然後到變暗會花多少時間，來預測超新星爆發的規模。然後，在我們測定遠方超新星爆發的亮度之後，可以藉由將我們測得的亮度和爆發的規模做比較，來預測宇宙的大小。

在1990年代的最後，有兩支獨立調查的團隊在結束調查他們找到的多個超新星之後都得到相同的結論：如果黑暗能量不存在的話，就無法解釋從他們觀測到的超新星預測出來的宇宙大小。這項關於超新星的調查成果，完美地和WMAP所得的觀測結果相互吻合。

關於黑暗物質，早在1970年代我們在詳細調查星系漩渦的旋轉運動時，就已經知道有一些無法用肉眼看到的物質在控制著星系的重量。另外，從光線會受到星系團等等的重力影響而彎曲、使得背景的星系模樣歪斜這樣的重力透鏡效果，也可以證明黑暗物質確實存在。

WMAP除了仔細地測定到支配著宇宙的這兩種黑暗成分：黑暗能量和黑暗物質的量，同時也獲得了其他許多跨時代的觀測成果。首先，它最讓人津津樂道的就是它幾乎已經完全證實了宇宙最初期的極速膨脹，也就是宇宙的Inflation。這是因為從宇宙膨脹產生的波動性質和它觀測得到的溫度波動情形完全地相符。

除此之外，它也證實了在宇宙初期天體形成的時代，是在宇宙誕生過後經過4億年才開始發生的。只要最初期的星體形成，它放射出來的紫外線就會使星系間的氫氣電離，造成大量的電子釋放到星系的氣體中，使得電子和要通過星系的宇宙微波背景輻射發生散亂的情形。而這個散亂的情形也被WMAP衛星成功地捕捉到，使我們算出星體的誕生時期。

黑暗物質（dark matter）

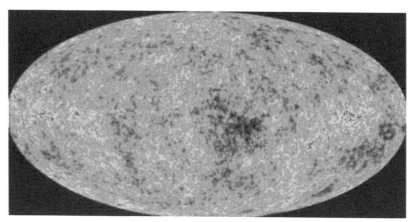

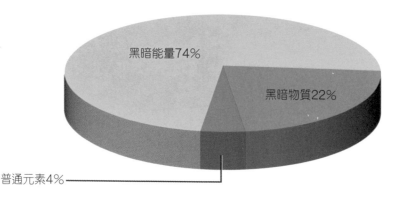

黑暗能量74%

黑暗物質22%

普通元素4%

7. 總結

　　藉由COBE和WMAP這兩個人造衛星獲得有關宇宙微波背景輻射詳細的溫度波動資料，終於使得我們能夠用科學的方式去理解宇宙的模樣以及宇宙最初期的情況。宇宙論也終於往實證科學之路發展，開創了一個往精密宇宙論前進的新紀元。

　　另一方面，由WMAP所揭開的宇宙，其實是一個被黑暗能量和黑暗物質支配的奇怪世界。從今以後，毫無疑問的，我想我們還是會以WMAP的觀測結果當作基礎繼續拓展宇宙論的研究。其中最大的挑戰，我想應該就是調查有關黑暗能量和黑暗物質的真實樣貌這件事吧！

　　也就是說，未來21世紀的宇宙論會從解開支配宇宙大部分的黑暗成分展開。為了達到這項目的，不論是NASA的新計畫：（發射一枚名為Dark Energy Probe（SNAP）的衛星專門調查遠方超新星進而解開黑暗能量的祕密），還是試著從安裝昴宿星團望遠鏡的超廣角相機調查超新星和星系分布情形，以看清黑暗能量和黑暗物質的真面目等等嘗試，世界各地目前已經有許多計畫正陸續在被提案、推進當中。另外關於宇宙微波背景輻射的檢測，也已經有歐洲太空機構（ESA）在2008年中發射一枚據說擁有超越WMAP性能的PLANCK衛星。讓我們一同來期待將來的宇宙研究發展吧！

後記

　　福江接到Soft Bank Creative益田先生的聯絡是在2006年的5月下旬，那是益田先生為了剛起步的Science.i新書，想請福江寫一本書的一通聯絡電話。原本除了有關宇宙的部分之外，還有商量其它像是包含科幻動畫材料等等三個企畫案，但是最後在六月初的時候，還是決定要直接從宇宙最前線的話題來寫這本新書。於是，依循以前在天文教育普及研究協會會刊《天文教育》進行編輯，以及在《最新宇宙學》（裳華房、2004年出版）做編輯的傳統，這本新書也是由福江和粟野來共同編著。之後，在討論新書的章節構成和決定其他撰稿者、以及開始各處委託學者撰稿的時候，好像就已經七月了。在此想要向各位在百忙之中答應撰稿的各位學者們致上最高的謝意！

　　在我們這種厚臉皮的編輯窮追不捨地催促交稿之下還是收不到原稿的情形，對我們這種緊張型的編輯來說真的是很煎熬！（真的！）另外，當血氣方剛年輕的撰稿者們正在對彼此負責的部分用電子郵件交換意見之中，在越來越激動的情況下竟認真地開始辯論，我們還介入調停…（喂、喂）。雖然在編書的時候編輯通常會變得心煩氣躁，但是另一方面當一本書完成的時候，發現這本一個人根本沒辦法寫的書完成時，還是相當開心。說不定這就是編輯冥冥中的福氣。

　　如果本書能夠成為一本有趣的書，那也是接受我們編者種種無理要求的各位撰稿者的功勞。身為一名編輯，在此要再次深深地向各位道謝。另外，從本書的企畫到出版都非常受到益田先生的關照，因此我想再次藉由這個機會向益田先生表達我們深切的謝意。特別是在初稿校搞的時候送來的是一本全彩的書籍真的是

讓我們相當驚訝！雖然我們是最後才慌慌張張的把黑白圖片交換成彩色圖片，但是裄田先生還是幫我們送印了；在此，我們僅代表編輯和眾撰稿人表示我們大家的謝意！

　　最後，我們想要將最大的感謝送給各位把這本書拿在手上的各位讀者。雖然再過個幾年這本書的內容可能就會有一些部分需要更改、變成骨董，但是還請各位趁它還新鮮的時候盡量享用！

福江　純
粟野諭美
2007年農曆五月

作者群簡介

◎福江純　大阪教育大學研究所教育學研究科
1956年出生於日本山口縣宇部市。利用拿手的相對論（＋放射＋磁氣）流體力學，切入研究如宇宙黑洞吸積盤、以及次宇宙噴流等等的謎題。

◎粟野諭美　岡山天文博物館
1972年出生於日本東京都。以「自己也樂在其中」為宗旨，希望能將宇宙的魅力傳達給大眾。

◎吉川真　宇宙航空研究開發機構
1962年出生於日本栃木縣。專攻天體力學，主要研究小行星、彗星等屬於太陽系內小行星的軌道和其運動方式。

◎小久保英一郎　國立天文台理論研究部
1968年出生於日本宮城縣仙台市。專攻行星系形成論。期望運用理論和模擬器釐清行星系形成的原始過程。

◎田村元秀　國立天文台太陽系外行星偵察研究企劃室
出生於日本奈良縣。專攻於紅外線天文學、偵察太陽系外行星、星星和行星的形成、觀測宇宙磁場，以及開發觀測裝置等等。

◎米德大輔　金澤大學自然科學研究科
專攻於伽瑪射線暴的觀測及其研究；以及開發人工衛星和望遠鏡。利用觀測伽瑪射線暴進行星星形成的歷史和宇宙進化研究。

◎高橋勞太　東京大學研究所綜合文化研究科
專攻於黑洞的宇宙物理學以及天文學。針對真實存在於宇宙黑洞附近的物理現象進行分析。

◎渡會兼也　金澤大學附屬高中
出生於日本靜岡縣。致力於用理論和觀測的方式研究黑洞吸積流。其中又對明亮的黑洞後補天體的起源特別感興趣。

◎大須賀健　理化學研究所
目前正利用解析的手法和電腦模擬器，對存在於銀河中心的超巨大黑洞的形成論，做理論上的調查。

◎加藤成晃　筑波大學計算科學研究中心
1974年出生於日本廣島縣吳市。其每天的習慣就是一邊讚嘆咖啡的美味，一邊構思研究的內容。專心致力於宇宙電磁流體現象和輻射輸送過程的研究。

◎谷口義明　愛媛大學研究所理工學研究科
1954年出生於日本北海道。專攻為銀河、巨大黑洞、暗物質，以及宇宙的大規模構造。

◎杉山直　名古屋大學研究所理學研究科
1961年出生於德國。宇宙論專攻。至今仍持續對於宇宙背景輻射的搖動、大規模構造的形成，以及宇宙熱能史等等的理論進行研究。

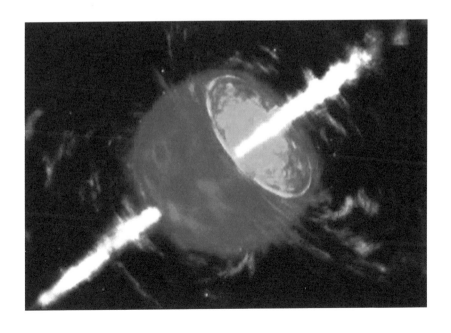

參考文獻

第一部 最新天文學入門

《最新宇宙学》，粟野諭美、福江　純編，裳華房，2004年。

《宇宙スペクトル博物館シリーズ》，粟野諭美、福江　純等著，裳華房，1999年、2000年、2001年。

《最新天文小辞典》，福江　純，東京書籍，2004年。

《星空の遊び方》，福江　純編著，東京書籍，2002年。

《宇宙と生命の起源　ビッグバンから人類誕生へ》，嶺重　慎、小久保英一郎，岩波書店、2004年。

《宇宙旅行ガイド　140億光年の旅》，福江　純編，丸善，2005年。

《人類の住む宇宙》，岡村定矩ほか編，日本評論社，2006年。

《図鑑NEO 宇宙》，池内　了監修執筆，小学館，2004年。

第二部 宇宙最前線

Part1

《図解雑学よくわかる宇宙のしくみ》，吉川　真監修，ナツメ社，2006年。

《太陽系の果てを探る》，渡部潤一、布施哲治，東京大学出版会，2004年。

《はやぶさ 不死身の探査機と宇宙研物語》，吉田　武，幻冬舎，2006年。

Part2

《一億個の地球 星くずからの誕生》，井田　茂、小久保英一郎，岩波書店，1999年。

《異形の惑星〜系外惑星形成理論から》，井田　茂，NHKブックス，2003年。

《比較惑星学》，渡辺誠一郎・ 井田，茂岩波書店，1997年。

Part3

《系外惑星観測の新世紀》，田村元秀ほか編，天文月報，2003年4月号。

《異形の惑星〜系外惑星形成理論から》，井田　茂，NHKブックス，2003年。

《太陽系と惑星》，渡部潤一ほか編，日本評論社，2007年刊行予定。

Part4

《ブラックホールと高エネルギー現象》，小山勝二ほか編，日本評論社，2007年刊行予定。

Part5

《ブラックホールは怖くない？》，福江　純，恒星社厚生閣，2005年。

《ブラックホール天文学入門》，嶺重　慎，裳華房，2005年。

《ブラックホールを飼い慣らす！》，福江　純，恒星社厚生閣，2006年。

《天の川の真実、超巨大ブラックホールの巣窟を暴く》，奥田治之、祖父江義明、小山勝二，誠文堂新光社，2006年。

《一般相対論の世界を探る》，柴田，大東京大学出版会，2007年。

Part6

《活動する宇宙》，柴田一成ほか編裳華房、1999年。

《降着円盤から噴出する磁気タワージェット》，加藤成晃，天文月報，2005年8月号。

《ブラックホール天文学入門》，嶺重慎，裳華房，2005年。

Part7

《生れたての銀河を探して》，谷口義明，裳華房，2001年。

《暗黒宇宙の謎》，谷口義明，講談社，2005年。

《宇宙を読む》，谷口義明，中央公論新社，2006年。

Part8

《宇宙　その始まりから終わりへ》杉山直，朝日新聞社，2003年。

《宇宙のからくり：一からわかる宇宙論》，山田克哉，講談社，2005年。

國家圖書館出版品預行編目資料

你對宇宙了解多少？——探索從太陽系到銀河的
宇宙奧祕／福江純、粟野諭美 編著；簡佩珊
譯. 初版. —— 臺中市：晨星，2010.2
面； 公分.——（知的！；10）

ISBN 978-986-177-350-6（平裝）

1. 天文學 2. 宇宙

320

99000131

知
的
！
10

你對宇宙了解多少？
——探索從太陽系到銀河的宇宙奧祕

作者	福江純 、 粟野諭美
譯者	簡佩珊
審訂	邱國光
編輯	陳佑哲
行銷企劃	陳俊丞
美術編輯	連梅吟
封面設計	陳其輝

發行人 陳銘民
發行所 晨星出版有限公司
台中市工業區 30 路 1 號
TEL:(04)23595820　　FAX:(04)23597123
E-mail:morning@morningstar.com.tw
http://www.morningstar.com.tw
行政院新聞局局版台業字第 2500 號
法律顧問 甘龍強律師
承製 知己圖書股份有限公司　　TEL：(04)23581803
初版 西元 2010 年 2 月 15 日

總經銷 知己圖書股份有限公司
郵政劃撥：15060393
（台北公司）台北市 106 羅斯福路二段 95 號 4F 之 3
TEL:(02)23672044　　FAX:(02)23635741
（台中公司）台中市 407 工業區 30 路 1 號
TEL:(04)23595819　　FAX:(04)23597123

定價 290 元
（缺頁或破損的書，請寄回更換）
ISBN 978-986-177-350-6
Published by Morning Star Publishing Inc.
Uchu wa Dokomade Akirakani Nattanoka
Copyright ©2007 Jun Fukue, Yumi Awano
Chinese translation rights in complex characters arranged with Softbank Creative Corp.,
Tokyo through Japan UNI Agency, Inc., Tokyo and Future View Technology Ltd., Taipei.
Printed in Taiwan
版權所有 · 翻印必究

◆ 讀者回函卡 ◆

以下資料或許太過繁瑣，但卻是我們瞭解您的唯一途徑
誠摯期待能與您在下一本書中相逢，讓我們一起從閱讀中尋找樂趣吧！

姓名：＿＿＿＿＿＿＿＿　性別：□ 男　□ 女　生日：　／　　／

教育程度：＿＿＿＿＿＿＿＿

職業：□ 學生　　　　□ 教師　　　□ 內勤職員　□ 家庭主婦
　　　□ SOHO 族　　□ 企業主管　□ 服務業　　□ 製造業
　　　□ 醫藥護理　　□ 軍警　　　□ 資訊業　　□ 銷售業務
　　　□ 其他 ＿＿＿＿＿＿＿＿＿

E-mail：＿＿＿＿＿＿＿＿＿＿＿　聯絡電話：＿＿＿＿＿＿＿＿＿

聯絡地址：□□□ ＿＿＿＿＿＿＿＿＿＿＿＿＿＿＿＿＿＿＿

購買書名：你對宇宙了解多少？——探索從太陽系到銀河的宇宙奧祕＿＿＿

．本書中最吸引您的是哪一篇文章或哪一段話呢？＿＿＿＿＿＿＿＿＿＿＿

．誘使您購買此書的原因？

□ 於 ＿＿＿＿＿ 書店尋找新知時　□ 看 ＿＿＿＿＿ 報時瞄到　□ 受海報或文案吸引
□ 翻閱 ＿＿＿＿＿ 雜誌時　□ 親朋好友拍胸脯保證　□ ＿＿＿＿＿ 電台 DJ 熱情推薦
□ 其他編輯萬萬想不到的過程：＿＿＿＿＿＿＿＿＿＿＿＿＿＿＿＿＿＿

．對於本書的評分？（請填代號：1. 很滿意 2. OK 啦！ 3. 尚可 4. 需改進）

封面設計 ＿＿＿＿　版面編排 ＿＿＿＿　內容 ＿＿＿＿　文／譯筆 ＿＿＿＿

．美好的事物、聲音或影像都很吸引人，但究竟是怎樣的書最能吸引您呢？

□ 價格殺紅眼的書　□ 內容符合需求　□ 贈品大碗又滿意　□ 我誓死效忠此作者
□ 晨星出版，必屬佳作！　□ 千里相逢，即是有緣　□ 其他原因，請務必告訴我們！
＿＿＿＿＿＿＿＿＿＿＿＿＿＿＿＿＿＿＿＿＿＿＿＿＿＿＿＿＿＿＿＿

．您與眾不同的閱讀品味，也請務必與我們分享：

□ 哲學　　　□ 心理學　　□ 宗教　　　□ 自然生態　□ 流行趨勢　□ 醫療保健
□ 財經企管　□ 史地　　　□ 傳記　　　□ 文學　　　□ 散文　　　□ 原住民
□ 小說　　　□ 親子叢書　□ 休閒旅遊　□ 其他 ＿＿＿＿＿＿＿＿＿＿＿＿

以上問題想必耗去您不少心力，為免這份心血白費
請務必將此回函郵寄回本社，或傳真至（04）2359-7123，感謝！
若行有餘力，也請不吝賜教，好讓我們可以出版更多更好的書！

．其他意見：

晨星出版有限公司 編輯群，感謝您！

廣告回函
台灣中區郵政管理局
登記證第267號
免貼郵票

407

台中市工業區30路1號

晨星出版有限公司

請沿虛線摺下裝訂，謝謝！

更方便的購書方式：

(1) 網站：http://www.morningstar.com.tw

(2) 郵政劃撥　帳號：15060393
　　　　　戶名：知己圖書股份有限公司
　　請於通信欄中註明欲購買之書名及數量

(3) 電話訂購：如為大量團購可直接撥客服專線洽詢

◎ 如需詳細書目可上網查詢或來電索取。

◎ 客服專線：04-23595819#230　傳真：04-23597123

◎ 客戶信箱：service@morningstar.com.tw